改訂版

Architecture Drafting **Basic of Ba**

建築製図基本の基本

櫻井良明 著 ｜ わかる建築製図研究会 編

学芸出版社

◆ 目次

1 建築製図の基本………………………… 3
- ❶製図用具 4
- ❷製図用具の使い方と線の描き方 6
- ❸製図のルール 8
- ❹図面の種類 11
- 【課題1】線の練習 12
- 【課題2】文字の練習 15

2 立体の理解………………………………17
- ❶正投影図 18
- ❷等角図(アイソメトリック)・不等角図(アクソノメトリック)・キャビネット図 19
- ❸展開図 20
- 【課題1】等角図(アイソメトリック) 21
- 【課題2】正投影図 22
- 【課題3】不等角図(アクソノメトリック) 23
- 【課題4】展開図 24

3 木造平家建図面の描き方………………25
- ❶平面図 26
- ❷配置図 34
- ❸屋根形状の種類と表現 36
- ❹L字形平面の屋根伏図と立面図の関係 44
- ❺開口部表示における平面・立面・断面図の関連性 48
- ❻断面図 53
- ❼立面図 59 +〔折図1・2〕
- 【課題】片流れ屋根を持つ平家建住宅〔折図3〕
- ❽平面詳細図・部分詳細図 65 +〔折図4〜8〕

- ❾矩計図 66
  - ◆写真を見ながら矩計図を理解しよう 72
- ❿基礎伏図 76
- ⓫床伏図 80
- ⓬小屋伏図 86
- ⓭軸組図 92
- **ルーブリック評価を活用しよう** 101

4 木造2階建図面の描き方………………103
- ❶階段の寸法と種類 104
- ❷管柱と通し柱 105
- ❸平面図 106
- ❹断面図 109
- ❺立面図 111
- ❻基礎伏図・1階床伏図(ネダレス工法) 114
- ❼2階床伏図(ネダレス工法)・小屋伏図 116
- ❽軸組図 119
- ❾矩計図〔折図9・10〕

5 鉄筋コンクリート造図面の描き方……121
- ❶平面図 122 +〔折図11〕
- ❷断面図 125 +〔折図12・13〕
- ❸矩計図(断面部分詳細図)〔折図15・16〕
- ❹立面図 129 +〔折図12〜14〕

- 【付録1】設計データ 133
- 【付録2】建築物の面積の求め方と建ぺい率・容積率 135
  面積算定の例題
- 【付録3】模型製作 137

まえがき

『建築製図 基本の基本』は2010年の初版から約13年にわたり、多くの教育機関等において教科書として愛用いただいてまいりました。この場を借りて、心から感謝申し上げます。このたびの改訂で、2階建木造住宅図面を充実させたほか、全面的に見直し、また、「ルーブリック評価表」も新たに掲載し、さらに分かりやすい内容へと再構築いたしました。

わたしが「建築製図」の勉強を始めたのは、大学1年生のときでした。大学でだされた最初の製図課題は、大学内に実際に建っている学生会館の図面をそのまま模写するというもので、手描きで非常に読み取りにくい図面だったと思います。

それまでに線や文字の練習をはじめ、図面の描き方やルールなど、一切教わらない状態で、いきなりその図面を渡され、どこから描いていいのか、どうやって描いていいのか、まったくわからず困惑していたことを記憶しています。

結局、本屋さんに行って、「建築製図の基礎〇〇」などという類の入門書を購入し、独学で勉強し、その課題をなんとか仕上げたような気がします。大学は高校までと違って、先生からいろいろ教わるのではなく、先生が教えてくれないことも自分で調べて自分で学ぶという気持ちがなければ落第すると痛感したものです。

それから数年後、わたしは工業高校の建築科の教師になりました。そこで初めて、今までに見たことのない丁寧な建築教育に触れることになります。教科書も初心者にわかりやすく、授業も基礎をしっかり積み上げていく内容で、うらやましく思えたくらいです。しかし、中学を卒業したばかりの高校生には、それでもまだ難しい内容であるということがわかってきました。特に、今まで正確に線を描いたことのない生徒

にとっては、建築製図の細かくて接近した線を、太さや線種を使い分けて正確に描くことは至難の業です。

夢を抱いて「建築」の世界に飛び込んできた人が夢半ばにして挫折してしまうのは、製図の緻密さに嫌気がさしてしまうのがほとんどのように思えます。

そこで、本書は緻密な建築図面をいきなりまともに描くのではなく、実際の縮尺よりも大きくして描くことで、基礎をしっかり固めながら、正確にそのコツを身につけることができる仕掛けになっています。

本書の特徴は以下のとおりです。

①本来、縮尺1／100で描く図面を倍の1／50で描くことにより、図面の描き方やルールをしっかり身につけることができる。

②各種図面について、丁寧な作図手順を示すことで、理解しながら図面が描けるようになる。

③各種図面は、それぞれ他の図面と関連付けながら作図できるようになっている。

④「屋根」「開口部」は特に理解しにくいので、解説がより丁寧になっている。

⑤演習課題を随所に入れ、作図練習ができる。
(必要に応じて本書をコピーして使いましょう)

ぜひ、最初から最後まで、一通り目を通されたあと、すべての演習課題に取組んでみてください。必ず力がつくと思います。

本書は初めて「建築製図」を学ぶすべての人に贈ります。本書で勉強して、建築を好きになってください。

2023年11月　櫻井 良明

建築製図の基本

1

本章では、建築製図を手描きで作図する上での基本的知識を学び、
簡単な線や文字の練習課題を通じて、作図の基本を習得します。

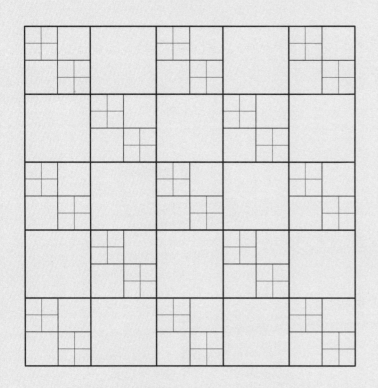

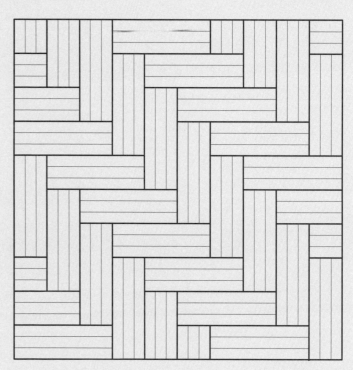

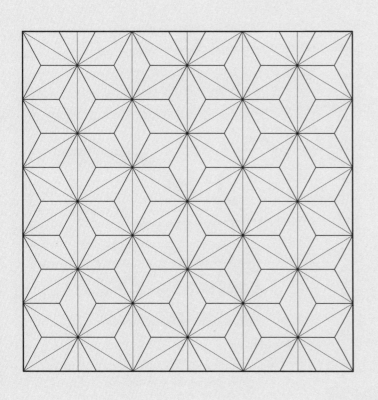

1 製図用具

①用紙

建築図面は、一般的に、JIS（日本工業規格）で定められている A 系列の用紙サイズ（図1）で描きます。

なかでも建築でよく用いられるのは、A1（594mm × 841mm）、A2（420mm × 594mm）、A3（297mm × 420mm）です。

用紙の縦横の比は、$1:\sqrt{2}$ の関係にあり、A0 の $\frac{1}{2}$ が A1、A1 の $\frac{1}{2}$ が A2、A2 の $\frac{1}{2}$ が A3、A3 の $\frac{1}{2}$ が A4 となっています。

また、用紙の種類は、ケント紙やトレーシングペーパーが一般的に用いられますが、着彩する場合は、ミューズコットン紙、キャンソン紙、ワトソン紙などを用いることがあります。

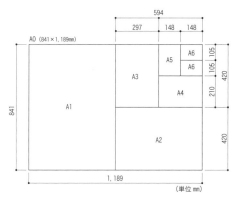

図1　用紙サイズ

②製図板

製図板には、合板製、ビニール製、マグネット製のものがあり、サイズは、A2 用、A1 用、A0 用などがあります。

図2 は、建築士受験持込用の簡易式平行定規（A2 用）です。

なお、近年においては、コンピュータを使って作図できる CAD（キャド、Computer Aided Design の略）の技術が進み、製図板などを使って、手描きで作図することはほとんどなくなりました。ただ、手描きは製図の基本なので、自分の手を動かし、身体でルールをしっかり覚え、実務での CAD 製図に役立てるようにしましょう。

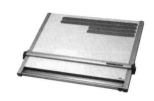

図2　簡易式平行定規

③定規

定規には、三角定規（図3）、勾配定規（図4）があります。

三角定規は、平行定規と組み合わせて垂直線を描くのに用いられます。

また、2種類の三角定規を組み合わせることで、15° の倍数の斜線を描くことができます。

勾配定規は、勾配を自由に変えることができるので、屋根の勾配などを描くのに大変便利です。

他にも、円弧や曲線を描くための雲形定規（図5）や自在曲線定規（図6）、小さな円や円弧、衛生器具や家具、文字などを描くためのテンプレート（図7）などがあります。

図3　三角定規　　　図4　勾配定規

図5　雲形定規

④スケール

スケールには、三角スケール（図8）、ヘキサスケール（図9）があります。

これらには、1/100、1/200、1/300、1/400、1/500、1/600 の 6 つの尺度が刻まれていて、描く図面によって使い分けることができます。

図6　自在曲線定規

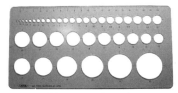

図7　テンプレート

図8　三角スケール

図9　ヘキサスケール

⑤筆記用具

鉛筆仕上の場合には、製図用鉛筆のほか、ホルダー（図10）、シャープペンシル（図11）が用いられます。

芯の硬さは、硬い順に 2H、H、F、HB、B、2B などがあり、メリハリのある図面を描くために太線を引く場合は、HB 以下の軟らかい芯を使用します。

また、シャープペンシルの芯の太さには、0.3、0.4、0.5、0.7、0.9mm などがあり、線の太さに応じて使い分けます。

インク仕上の場合には、一定の太さの線を描くことができる製図ペン（図12）を用います。

図10　ホルダー

図11　シャープペンシル

図12　製図ペン

⑥消しゴム・字消し板

鉛筆で作図したものを消すには、プラスティック製の消しゴム（図13）を使用します。　また、線や文字を部分的に消したい場合は、字消し板（図14）を用います。

図13　消しゴム

⑦その他

ホルダーの芯を削るための芯研器（図15）、用紙を製図板に固定する製図用テープ（図16）、製図板の表面を清掃するための製図用ブラシ（図17）、大きな円や円弧を描くためのコンパス（図18）などがあります。

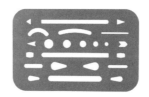

図14　字消し板

⑧模型製作道具

模型を製作するための道具には、カッティングマット、カッターナイフ、スチのり、木工用ボンド、スプレーのり、スチール定規、スコヤなどがあります（図19）。

図15　芯研器　　図16　製図用テープ

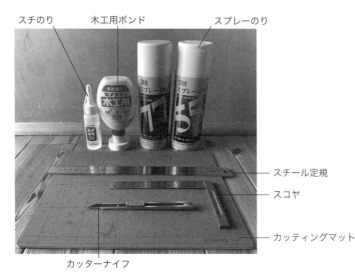

スチのり　　木工用ボンド　　スプレーのり

スチール定規

スコヤ

カッティングマット

カッターナイフ

図19　模型製作道具

図17　製図用ブラシ

図18　コンパス

2 製図用具の使い方と線の描き方

1）用紙のはり方
①製図板の作図しやすい位置に用紙を置きます（図1）。

②Ｔ定規と平行定規の場合は定規に、トラック式製図機械の場合
は、水平定規に用紙の下部が平行になるようにセットし、四隅
を製図用テープで固定します。

③作図途中の図面をセットしなおすときは、すべて描いた水平線
に定規をあわせます。

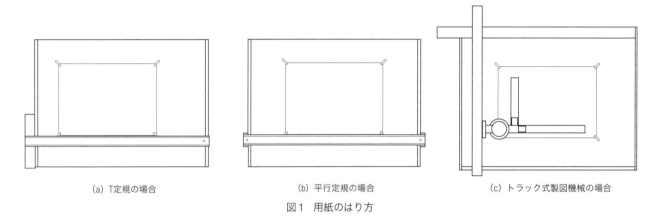

(a) Ｔ定規の場合 　　　　 (b) 平行定規の場合 　　　　 (c) トラック式製図機械の場合

図1　用紙のはり方

2）線の描き方
①線は、鉛筆をほぼ垂直に立て、図2のように進行方向に約15°
傾け、回転させながら描きます。そうすることで、一定の太さ
の線を描くことができます。

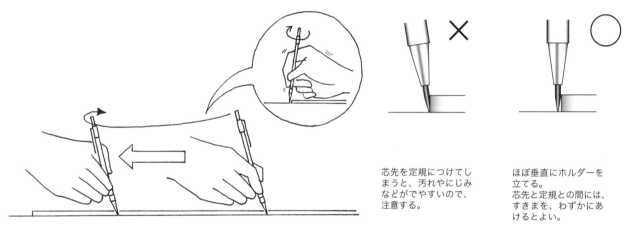

芯先を定規につけてし
まうと、汚れやにじみ
などがでやすいので、
注意する。

ほぼ垂直にホルダーを
立てる。
芯先と定規との間には、
すきまを、わずかにあ
けるとよい。

図2　ホルダー（鉛筆）の持ち方・使い方 （右図:大西正宜、他『〈建築学テキスト〉建築製図』学芸出版社より）

②水平線は、Ｔ定規と平行定規の場合、定規の上側を用い、図3
のように左から右（左利きの場合は、右から左）へ描きます。

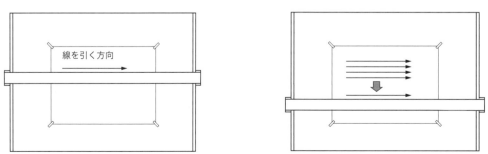

線を引く方向

図3　水平線の引き方

③垂直線は、T定規と平行定規の場合、三角定規を図4のようにセットし、下から上へ描きます。

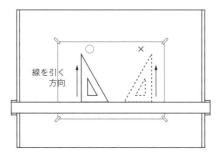 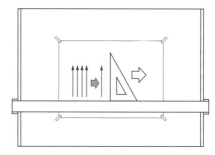

図4 垂直線の引き方

④斜線は、T定規と平行定規の場合、三角定規を図5のようにセットし、矢印の方向へ描きます。

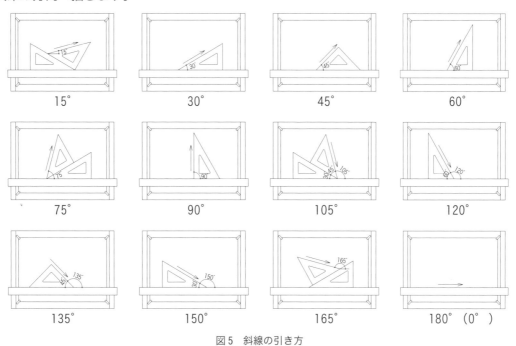

15°	30°	45°	60°
75°	90°	105°	120°
135°	150°	165°	180°（0°）

図5 斜線の引き方

3) 屋根の勾配線の描き方

　4寸勾配（4/10勾配）の屋根を例に勾配線を勾配定規を用いて描くことにします。

①勾配定規のRISE（勾配目盛り）を「4」にあわせます（図6）。

②辺a（底辺）を図面の水平線上にあわせて勾配定規を置き、辺c（斜辺）に沿った線を引くと、屋根の片側が描けます（図7）。

③反対側の屋根を描くときは定規を回転させ、辺cを底面辺にして、辺aを斜辺として同様に線を引きます（図7）。

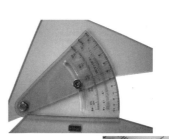

図6 勾配定規

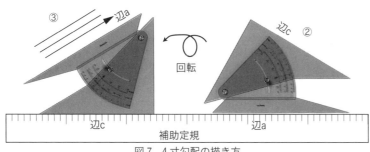

図7 4寸勾配の描き方

1）線

①製図に使われる線は、表1のように、用途に応じて**太さ**と**種類**を使い分け、メリハリの利いた表現にする必要があります。

②線の太さは、細い順から、細線、太線、極太線、超極太線があります。

　極細線は、下書するときの線として用い、できるだけ薄く描き、線の交差部などがわかる程度で、目立たないように注意します。

③線の種類は、**実線**、**破線**、**一点鎖線**、**二点鎖線**などがあります。

表1　線の太さと種類

線の太さ	比	線の種類	実例	用途
細　線	1	実　線	————————————	姿線、寸法線、寸法補助線、引出線など
		破　線	- - - - - - - - - - - -	想像線、隠れ線など
		一点鎖線	—・—・—・—・—・—	通り芯（壁、柱の中心線）、基準線など
		二点鎖線	—・・—・・—・・—	切断線など
太　線	2	実　線	————————————	外形線、断面線など
極 太 線	4	実　線	————————————	断面線、輪郭線など
		一点鎖線	—・—・—・—・—	隣地境界線、道路境界線など
超極太線	8	実　線	————————————	地盤（ＧＬ）線、用紙枠など
極 細 線		実　線	————————————	下書線、補助線

2）文字

①製図に用いる文字は、**漢字**、**ひらがな**、**カタカナ**、**数字**、**英字**などがあります。

②文字の大きさは、2〜3種類くらいに統一し、楷書で横書きとし、水平ラインに気をつけて書きます（図1）。

③図面の出来栄えは、文字の巧拙によって、左右されると言っても過言ではありませんので、丁寧に読みやすく書く必要があります。

図面名
配置図　平面図 ⌉5mm

室名
玄関　居間　和室　便所 ⌉3.5mm

寸法値
910　1,820　2,730 ⌉3mm

図1　文字の大きさ

3）寸法

①寸法は、図2のように、**寸法線**、**寸法補助線**、**端末記号**、**寸法値**で構成されています。

②寸法値の単位は原則としてミリメートル（mm）とし、単位記号をつけません。

　しかし、ミリメートル以外の単位を使う場合は、末尾に単位記号をつけます。

③**端末記号**は、図3のように表示します。

④**寸法線**、**寸法補助線**は細線の実線で描きます。

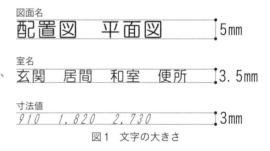

図2　寸法

4）組立基準線と基準記号

①組立基準線は、平面方向では**通り芯**と呼ばれ、通常は主要な柱、壁の**中心線**とします。

　また、高さ方向では、地盤面、各階の床仕上面、屋根の構造を支える水平材（木造の場合：軒桁）の上端が基準となります。

②基準記号は、図4のように表示します。平面方向では、「X₀、X₁

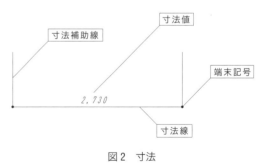

図3　端末記号

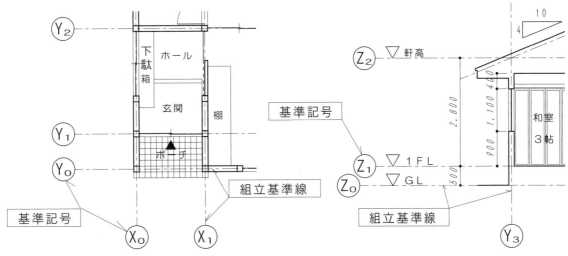

図4　組立基準線と基準記号

……X_n」、「Y_0、Y_1……Y_n」で、高さ方向では、「Z_0、Z_1……Z_n」で表します。

　ここで、「Z_0」が地盤面（GL）、「Z_1」が1階床高（1FL）……「Z_n」が水平材の上端を表すことになります。

5）勾配・角度

①建築物の部位で傾斜しているのは主に**屋根**と**スロープ**です。これらの傾きは、**勾配**といい、$\dfrac{垂直長さ}{水平長さ}$で表します。

②木造の屋根のように比較的傾斜が大きい場合は、水平長さを10とし、3/10、4/10のように表します（図5）。

③RC造などの屋根のように比較的傾斜が小さい場合は、垂直長さを1とし、1/50、1/100のように表します。

④敷地の形状や建築物の平面形が直角でない場合は、75°、120°のように度数法で表す場合があります。

図5　勾配の表記

6）尺度

①建築物を作図表現する場合、描く図面に応じて尺度を決めます。

②実物と同じ大きさのものを**原寸**または**現尺**といい、S＝1：1、S＝1/1のように表します。

③通常は実物よりも小さく表現するので、この場合、**縮尺**といい、S＝1：100、S＝1/100（100分の1）のように表します。

　S＝1：○、S＝1／○において、○の整数値が小さくほど特定の部分を詳細に表現することができ、○の整数値が大きいほど広い範囲まで表現することができます。

　主な図面に用いられる尺度は表2のとおりです。

表2　尺度と図面の関係

尺度	図面
1：1、1：2	原寸詳細図、納まり図など
1：5、1：10、1：20、1：30	矩計（かなばかり）図、部分詳細図など
1：50、1：100、1：200	平面図、断面図、立面図などの意匠図、構造図、設備図など
1：500、1：1000以上	大規模な土地の敷地図、配置図など

7) 表示記号

建築物を図面表現する場合、描く尺度によって表現方法が変わります。

尺度を決めて図面表現するために、JIS（日本工業規格）では標準的な製図記号を定めています。

下表は JIS A 0150 において定められている**平面表示記号**（表3）と**材料構造表示記号**（表4）です。

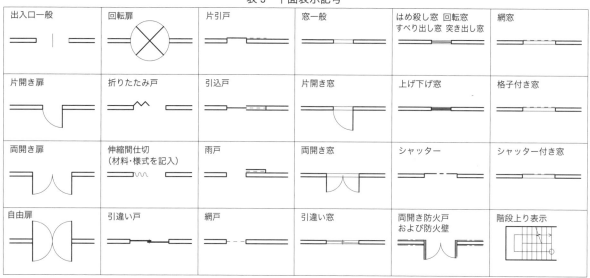

表3　平面表示記号

表4　材料構造表示記号

④ 図面の種類

図面名称	内 容
1）意匠図	
配置図	建築物が建つ敷地の形状および道路や建築物の位置関係を表した図面
平面図	建築物の各階の床上から1～1.5mくらいのところで水平に切断し、真上から下を見た様子を表した図面
立面図	建築物の外面を指定した方向（東西南北など）から眺めた様子を表した図面
断面図	建築物を指定したところで鉛直に切断し、矢印方向に見た様子を表した図面
屋根伏図	建築物を真上から見た屋根の形状を平面的に表した図面
矩計図	「かなばかり図」と読む。建築物を指定したところで鉛直に切断し、切断方向を詳細に表した図面
各部詳細図	特定の部分を詳細に表した図面
天井伏図	建築物の各階天井を下から見上げた状態を表した図面
展開図	建築物の各部屋の中央に立ち、四方の壁面を見た状態を表した図面
透視図	パースともいう。建築物の外観や室内を遠近法により立体的に描いた図面
建具表	建具の形状、寸法、材質などを描いた図面を表にまとめたもの
仕上表	建築物の内外部の仕上げ方法や材料を表にまとめたもの
2）構造図	
基礎伏図	建築物の基礎形状や配置を平面的に表した図面
床伏図	建築物の床に使われている構造部材の形状や配置を平面的に表した図面
小屋伏図	建築物の小屋組に使われている構造部材の形状や配置を平面的に表した図面
軸組図	建築物の各壁（通り）ごとに構造部材の形状や配置を立面的に表した図面
3）設備図	
電気設備図	建築物の電気設備に必要な器具や装置などの位置、配線などを表した図面
給排水設備図	建築物の給排水設備に必要な器具や装置などの位置、配管などを表した図面
空調設備図	建築物の空気調整設備に必要な器具や装置などの位置、配管などを表した図面
ガス設備図	建築物のガス設備に必要な器具や装置などの位置、配管などを表した図面

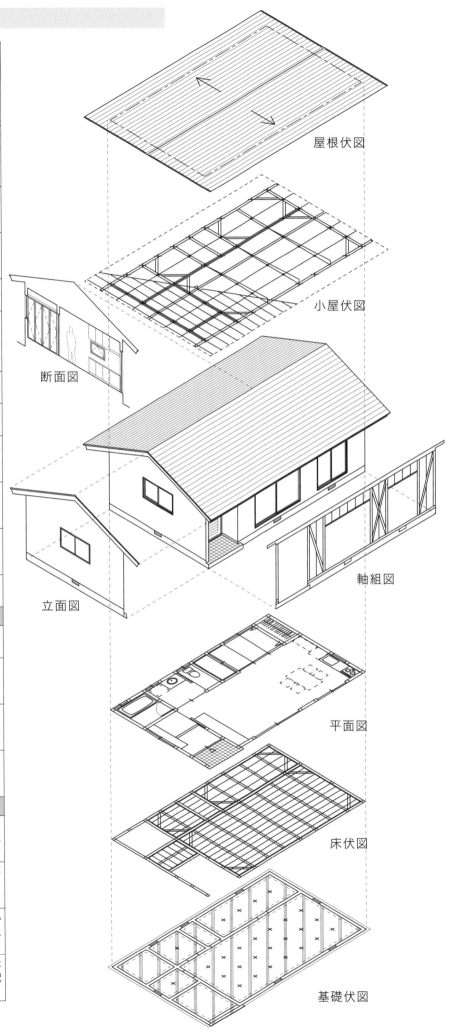

屋根伏図

小屋伏図

断面図

軸組図

立面図

平面図

床伏図

基礎伏図

【課題1】線の練習1〈水平線・鉛直線〉

■水平線

極 細 線 （下書き線）	
細 線 実 線	
太 線 実 線	
極 太 線 実 線	
超極太線実線	
細線一点鎖線	
極 太 線 一 点 鎖 線	
細線二点鎖線	
細 線 破 線	

■鉛直線（垂直線）

極 細 線 （下書き線）	細 線 実 線	太 線 実 線	極 太 線 実 線	超 極 太 線 実 線	細線一点鎖線	極 太 一 点 鎖 線	細線二点鎖線	細 線 破 線

表題	線の練習1	学校名		氏 名	

12

【課題1】線の練習2〈等分線〉

【例題】 A・B 線間を5等分して線を引きなさい。

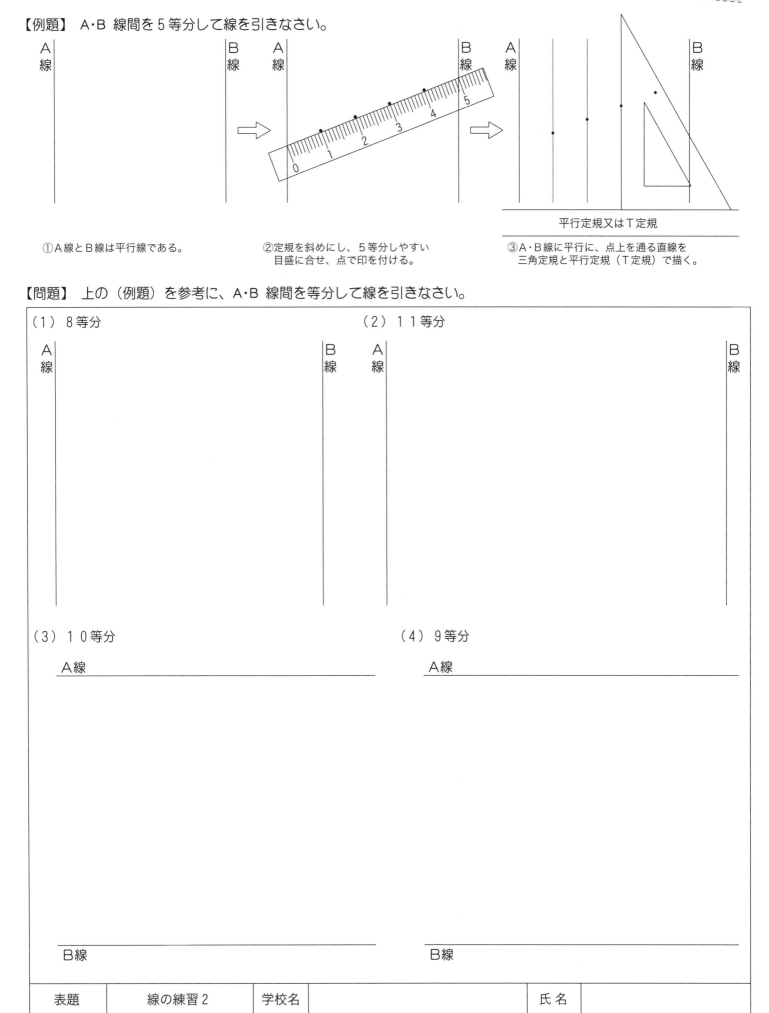

①A線とB線は平行線である。

②定規を斜めにし、5等分しやすい
目盛に合せ、点で印を付ける。

③A・B線に平行に、点上を通る直線を
三角定規と平行定規（T定規）で描く。

平行定規又はT定規

【問題】 上の（例題）を参考に、A・B 線間を等分して線を引きなさい。

（1）8等分

A線
B線

（2）11等分

A線
B線

（3）10等分

A線
B線

（4）9等分

A線
B線

表題	線の練習2	学校名		氏名	

【課題1】線の練習3〈斜線〉

◆斜線（角度）〈外周：極太線、内側：太線〉…p.7（図5）参照

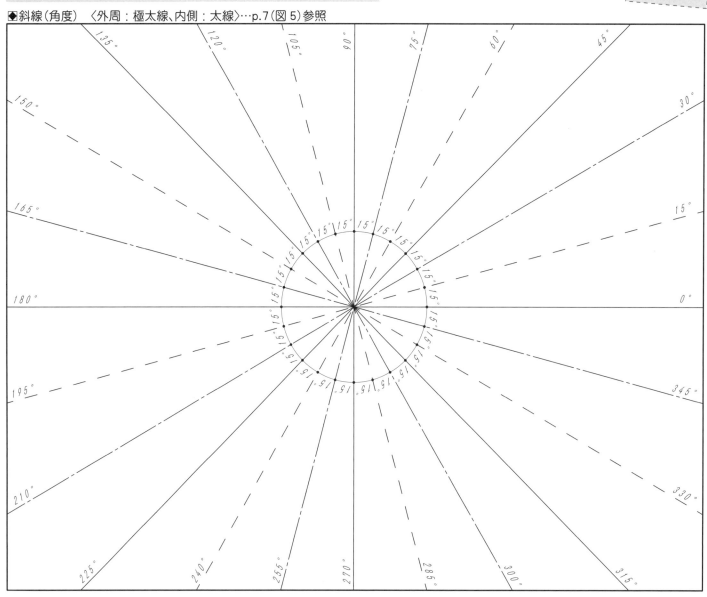

◆斜線（勾配）〈外周：極太線、内側：細線〉…p.7（図6、7）参照

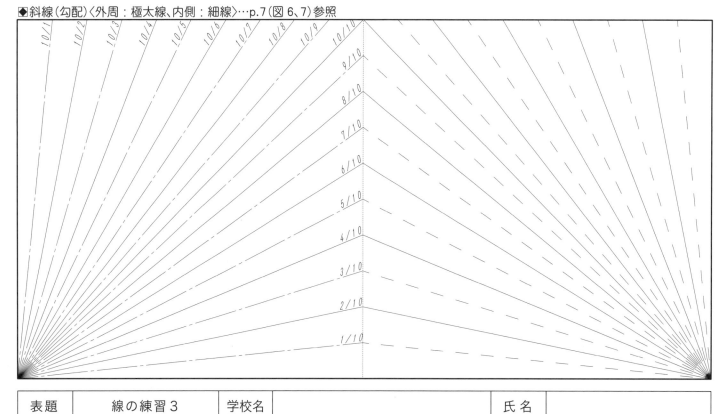

表題	線の練習3	学校名		氏名	

10mm 大学専門高等校建築科部
10mm 大学専門高等校建築科部
10mm
10mm

10mm 工業設計製図面邸新増事
10mm 工業設計製図面邸新増事
10mm
10mm

5mm 配置兼平立断面図矩計基準階東西南北部分詳細
5mm 配置兼平立断面図矩計基準階東西南北部分詳細
5mm
5mm

5mm 展開軸組基礎小屋根伏床天井建具仕上表電気各
5mm 展開軸組基礎小屋根伏床天井建具仕上表電気各
5mm
5mm

5mm 給排水設備空調意匠構造縮尺年月日付題学校名
5mm 給排水設備空調意匠構造縮尺年月日付題学校名
5mm
5mm

| 表題 | 文字の練習1 | 学校名 | | 氏名 | |

※コピーして練習しよう！

4mm 基礎土台大引根太床束石貫胴差畳寄内障子敷鴨居野縁受長押廻吊
4mm 基礎土台大引根太床束石貫胴差畳寄内障子敷鴨居野縁受長押廻吊
4mm
4mm

4mm 棟母屋羽板金物軒桁鼻隠破風樋広小舞垂木野地断熱材透湿防水合
4mm 棟母屋羽板金物軒桁鼻隠破風樋広小舞垂木野地断熱材透湿防水合
4mm
4mm

3.5mm 玄関居間食堂台所寝室老人室子供室書斎家事便所浴室洗面脱衣和洋廊下押入広縁
3.5mm 玄関居間食堂台所寝室老人室子供室書斎家事便所浴室洗面脱衣和洋廊下押入広縁
3.5mm
3.5mm

3.5mm 階段縁側勝手口客間納戸倉庫収納物置下駄箱書棚駐車場吹抜リビングダイニング
3.5mm 階段縁側勝手口客間納戸倉庫収納物置下駄箱書棚駐車場吹抜リビングダイニング
3.5mm
3.5mm

3.5mm キッチントイレバスウォークインクロゼットデッキテラスベランダポーチホール
3.5mm キッチントイレバスウォークインクロゼットデッキテラスベランダポーチホール
3.5mm
3.5mm

4mm 1 2 3 4 5 6 7 8 9 0 1 2 3 4 5 6 7 8 9 0 1 2 3 4 5 6 7 8 9 0
4mm 1 2 3 4 5 6 7 8 9 0 1 2 3 4 5 6 7 8 9 0 1 2 3 4 5 6 7 8 9 0
4mm
4mm

3mm 1 2 3 4 5 6 7 8 9 0 1 2 3 4 5 6 7 8 9 0 1 2 3 4 5 6 7 8 9 0
3mm 1 2 3 4 5 6 7 8 9 0 1 2 3 4 5 6 7 8 9 0 1 2 3 4 5 6 7 8 9 0
3mm
3mm

2.5mm 1 2 3 4 5 6 7 8 9 0 1 2 3 4 5 6 7 8 9 0 1 2 3 4 5 6 7 8 9 0
2.5mm 1 2 3 4 5 6 7 8 9 0 1 2 3 4 5 6 7 8 9 0 1 2 3 4 5 6 7 8 9 0
2.5mm
2.5mm

| 表題 | 文字の練習2 | 学校名 | | 氏名 | |

立体の理解

本章では、基本的な立体の練習課題を通じて理解力を身につけることで、次章以降の立体的な建築物の図面を理解しながら作図できるようにするための基礎・基本を習得します。

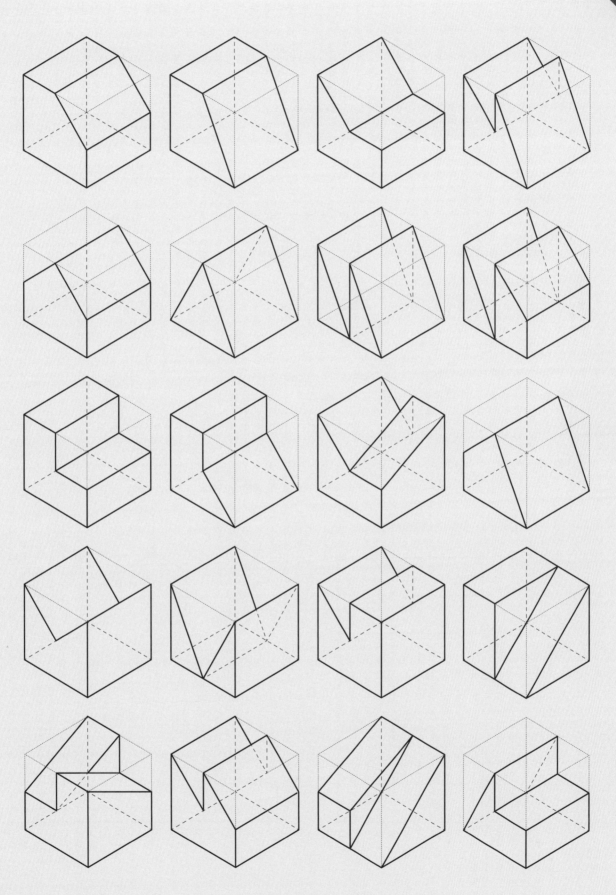

①図1のように立体の前にガラス板のような透明な画面を平行に置き、立体の各頂点から画面に垂直な平行投影線を引いて、画面との交点を求めて図を描けば、**正投影図**になります。

このように立体の手前の画面に投影する方法を**第三角法**と言います。

②図2のように透明な画面を立体の南側に立てた**南立面図**、東側に立てた**東立面図**、水平に置いた**平面図（屋根伏図）**などに投影します。

③その他にも、透明な画面を立体の北側に立てたら**北立面図**、西側に立てたら**西立面図**が投影できます。

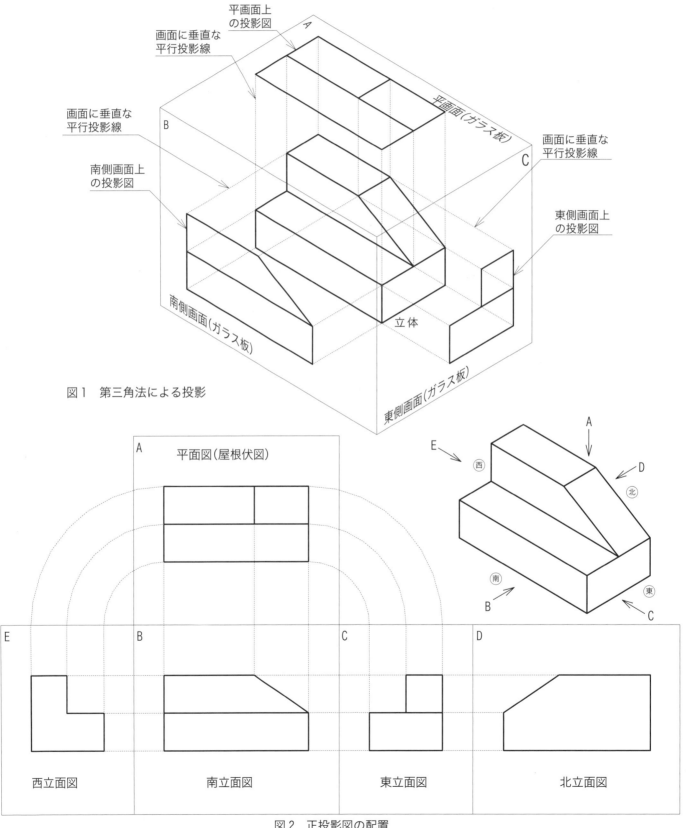

図1　第三角法による投影

図2　正投影図の配置

18

2 等角図（アイソメトリック）・不等角図（アクソノメトリック）・キャビネット図

①図1のように3座標軸の投影が互いに120°になっている図を**等角図（アイソメトリック）**と言います。この場合、座標軸上の長さが実長（実際の長さ）になるようにします。

②図2のように3座標軸の投影が互いに90°、120°、150°になっている図を**不等角図（アクソノメトリック）**と言います。この場合も、座標軸上の長さが実長になるようにします。

③図3のように立体の正面の形を正投影であらわし、奥行きだけを斜め45°にし、実長の1／2の長さにして描いた図を**キャビネット図**と言います。

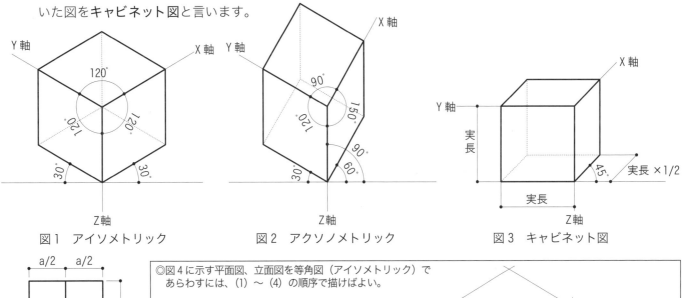

図1 アイソメトリック 　　　　図2 アクソノメトリック 　　　　図3 キャビネット図

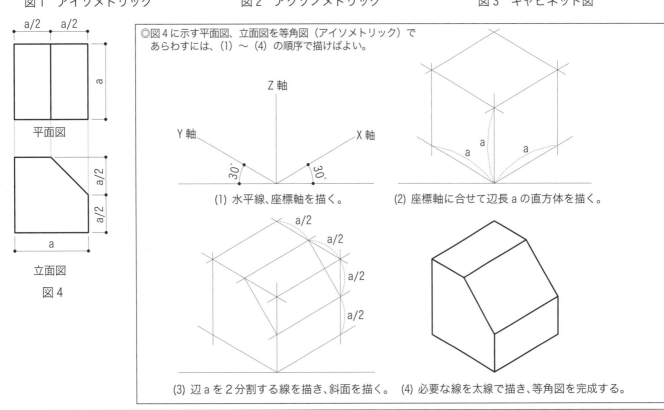

◎図4に示す平面図、立面図を等角図（アイソメトリック）であらわすには、(1) 〜 (4) の順序で描けばよい。

(1) 水平線、座標軸を描く。　(2) 座標軸に合せて辺長 a の直方体を描く。

(3) 辺 a を2分割する線を描き、斜面を描く。　(4) 必要な線を太線で描き、等角図を完成する。

図4

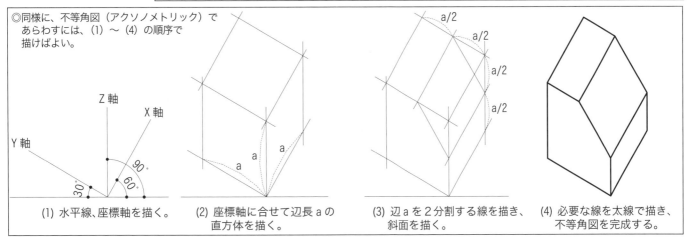

◎同様に、不等角図（アクソノメトリック）であらわすには、(1) 〜 (4) の順序で描けばよい。

(1) 水平線、座標軸を描く。　(2) 座標軸に合せて辺長 a の直方体を描く。　(3) 辺 a を2分割する線を描き、斜面を描く。　(4) 必要な線を太線で描き、不等角図を完成する。

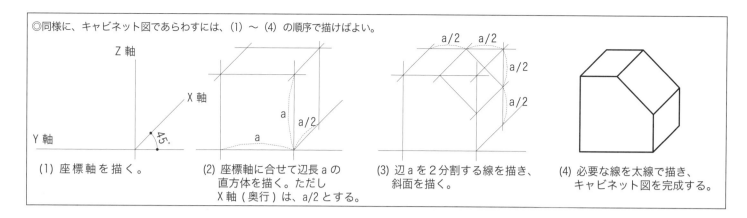

◎同様に、キャビネット図であらわすには、(1) ～ (4) の順序で描けばよい。

(1) 座標軸を描く。

(2) 座標軸に合せて辺長 a の直方体を描く。ただし X 軸 (奥行) は、a/2 とする。

(3) 辺 a を 2 分割する線を描き、斜面を描く。

(4) 必要な線を太線で描き、キャビネット図を完成する。

3 展開図

①立体の各面を一平面上に広げた図のことを**展開図**と言います。

②展開図を描くには、立体の実形を正しくとらえることが大切です。

③展開図を切り抜いて、実際に組み立てることで、立体を把握することができます。

④図1に示す等角図の展開図が、図2となります。

⑤図3は、正多面体の展開図となります。「プラトン立体」とも呼ばれます。拡大コピーをして切り取って立体にしてみましょう。

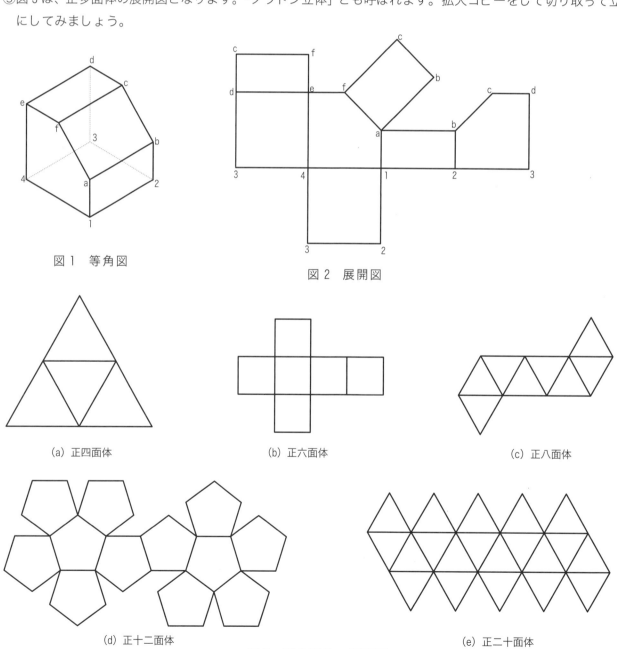

図1 等角図

図2 展開図

(a) 正四面体

(b) 正六面体

(c) 正八面体

(d) 正十二面体

(e) 正二十面体

図3 正多面体の展開図

【課題1】　図－Aのような平面図（屋根伏図）になるような立体を4種類、自由に考え、等角図を描きなさい。なお立体は、点線の立方体の中に納まるものとする。

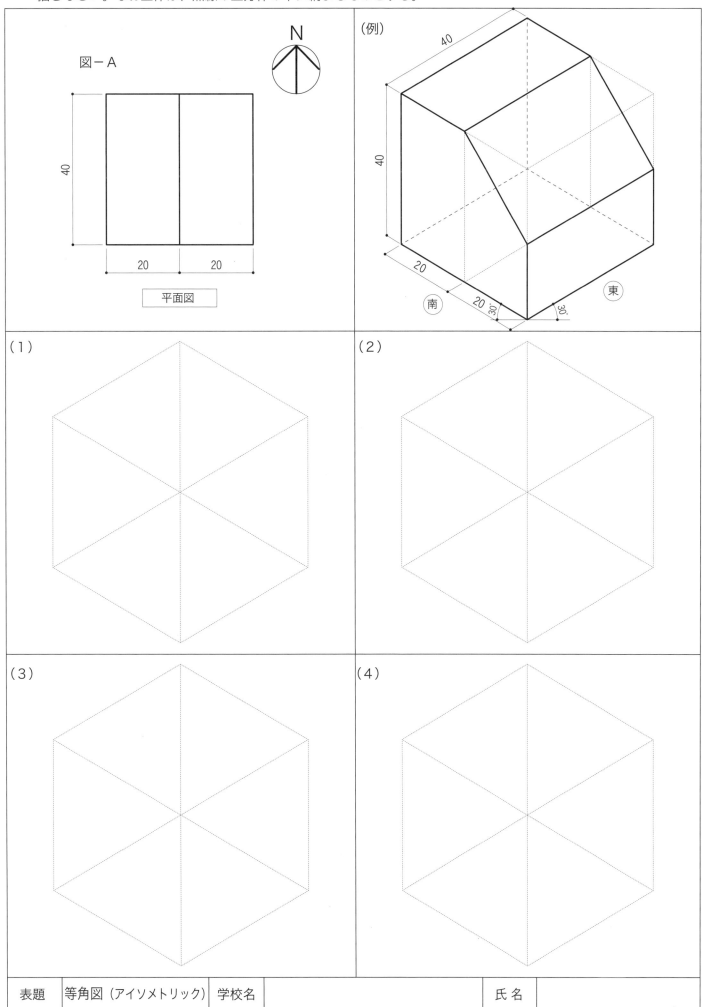

【課題2】　課題1で考えた4種類の立体をもとに、それぞれの立体の東西南北における立面図を描きなさい。

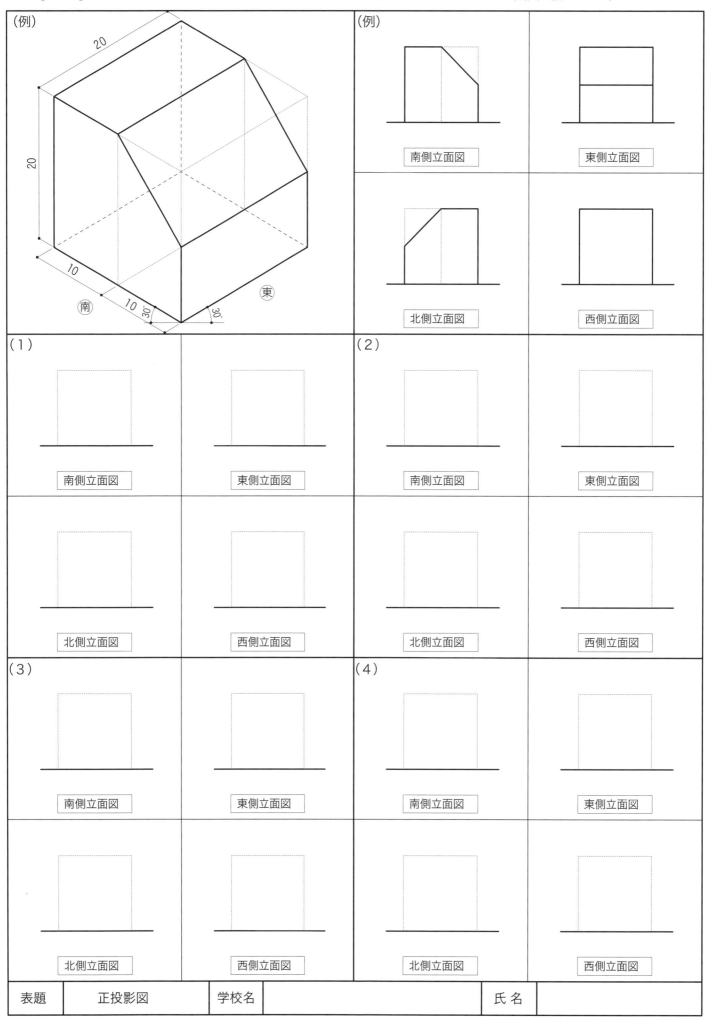

(例)
20
20
10
10
30°
30°
南
東

(例)
南側立面図　　東側立面図
北側立面図　　西側立面図

(1)
南側立面図　　東側立面図
北側立面図　　西側立面図

(2)
南側立面図　　東側立面図
北側立面図　　西側立面図

(3)
南側立面図　　東側立面図
北側立面図　　西側立面図

(4)
南側立面図　　東側立面図
北側立面図　　西側立面図

| 表題 | 正投影図 | 学校名 | | 氏 名 | |

【課題3】 図－Aのような平面図（屋根伏図）になるような立体を4種類、自由に考え、不等角図を描きなさい。なお、立体は、点線の立方体の中に納まるものとする。

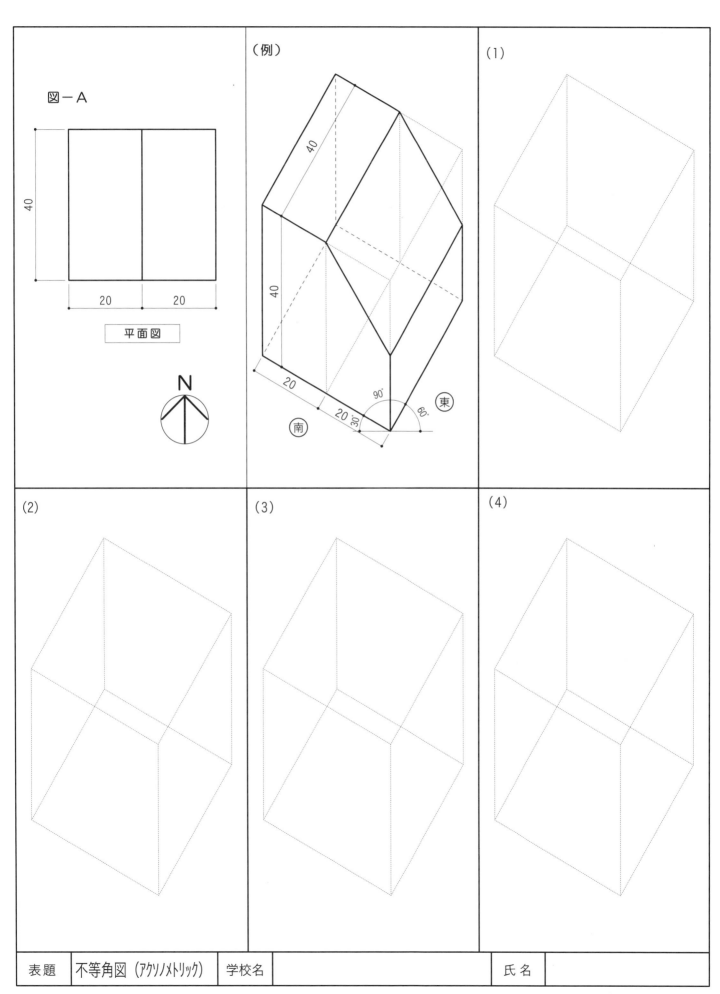

【課題4】 課題1で考えた4種類の立体をもとに、それぞれの立体の展開図を描きなさい。

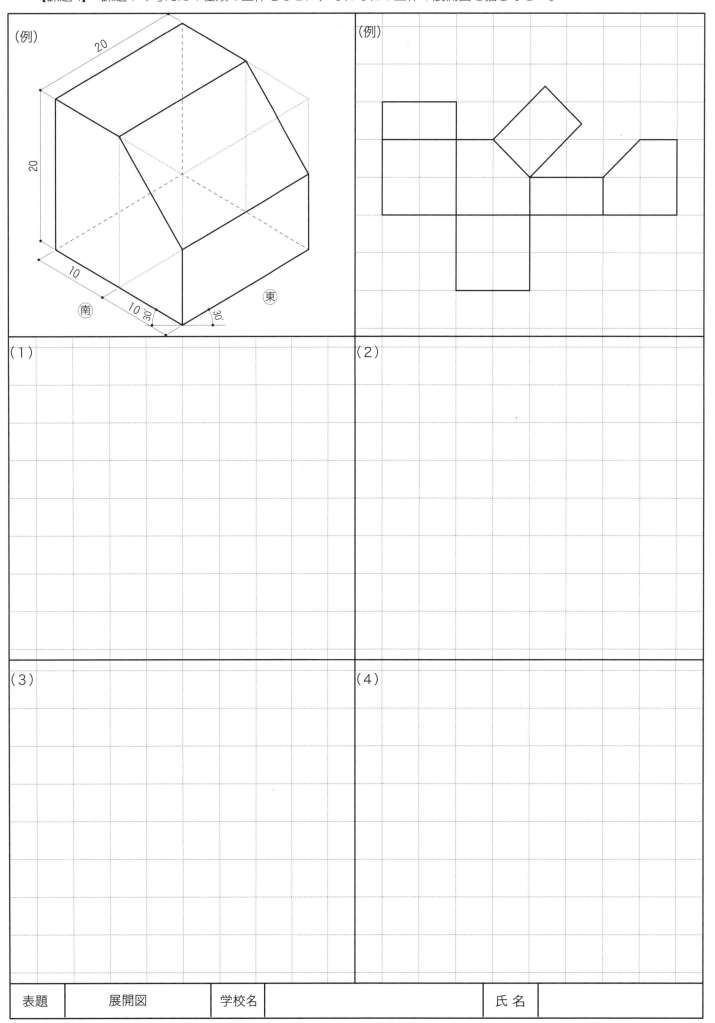

(例)

(例)

(1)

(2)

(3)

(4)

| 表題 | 展開図 | 学校名 | | 氏 名 | |

木造平家建図面の描き方

本章では、「木造平家建住宅」の練習課題を通じて、意匠図（平面図、断面図、立面図、平面詳細図）、構造図（基礎伏図、床伏図、小屋伏図、軸組図）などの縮尺1/100表現図面を1/50で作図します。1/50にすることで、線の使い分けや細部の収まりをしっかり習得して下さい。また、屋根や開口部など理解しにくい箇所について詳しく説明しています。

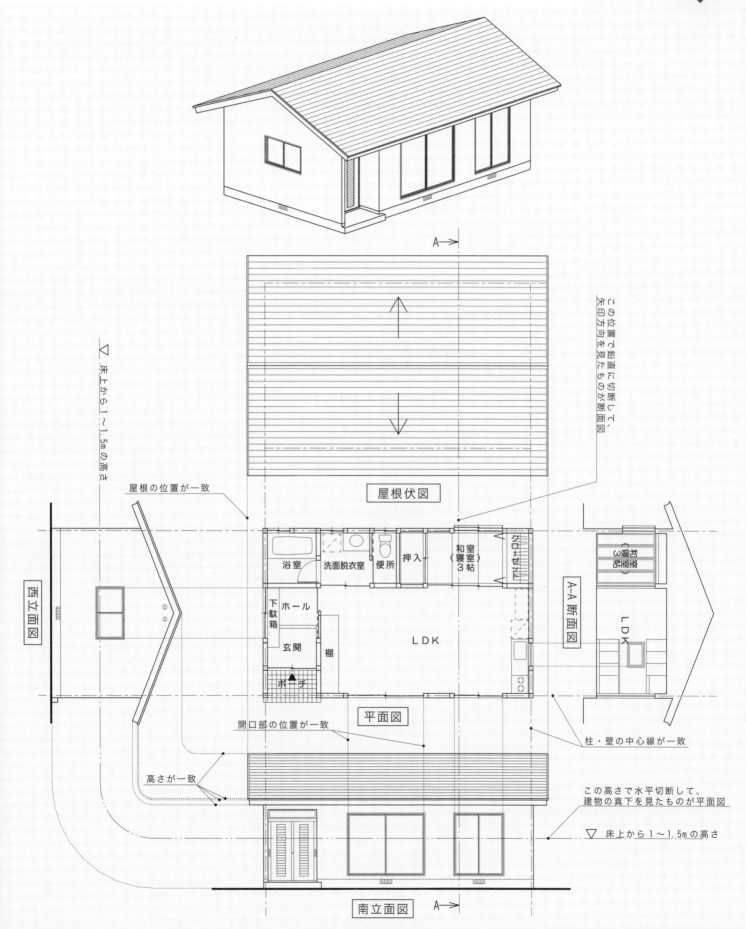

A→

屋根伏図

この位置で鉛直に切断して、矢印方向を見たものが断面図

▽ 床上から1～1.5mの高さ

屋根の位置が一致

浴室　洗面脱衣室　便所　押入　和室（寝室）3帖　クロゼット

西立面図

下駄箱　ホール　棚　玄関　LDK

ポーチ

平面図

開口部の位置が一致

高さが一致

A-A断面図

和室（寝室）3帖

LDK

柱・壁の中心線が一致

この高さで水平切断して、建物の真下を見たものが平面図

▽ 床上から1～1.5mの高さ

南立面図　A→

①平面図とは、建築物の各階の床上から 1〜1.5m くらいのところで水平に切断し、真上から下を見た様子を作図したものです（ただし、壁の側面は見えないものとします）。

②平面図を作図する場合、原則として**北**を上に描きます。

③長さの基準は、木造住宅の基本となる 3 尺（910mm）をベースとして作図します。

④切断された部分（断面線）は**極太線の実線**で描きます。

⑤見えている線（姿線）は**細線の実線**で描きます。

⑥家具や冷蔵庫、洗濯機など、工事金額に含まれず、後から設置するものの線（想像線）は、**細線の破線**で描きます。

⑦柱・壁の中心線（通り芯、基準線）は、**細線の一点鎖線**で描きます。

⑧寸法線などは、**細線の実線**で描きます。

⑨切断された部分より上にある線（隠れ線）は**細線の点線**で描きます。

⑩断面図を描く際の垂直切断線（切断線）は**細線の二点鎖線**で描きます。

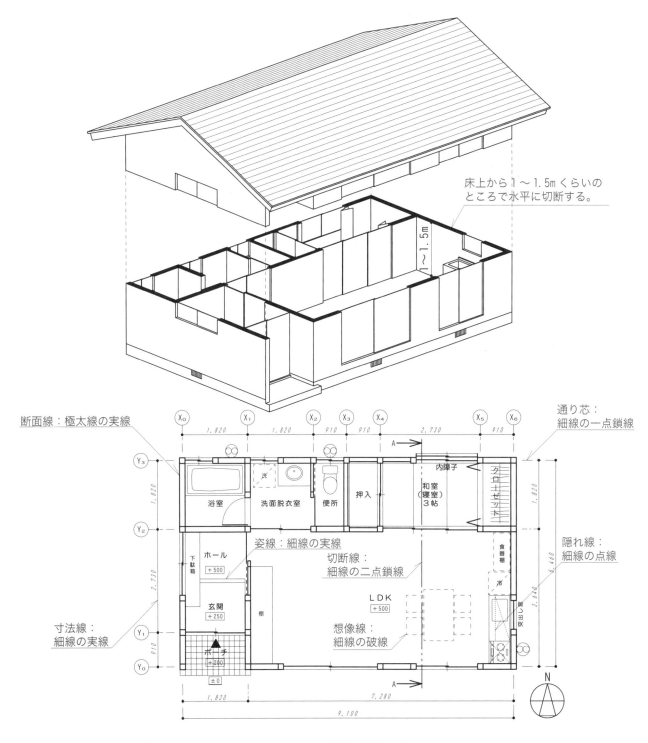

◎上記に示す平面図は、縮尺1/100です。ここでは、1/100 の作図表現で、縮尺1/50 に拡大した図面を例に作図の練習をし、線の使い分けをしっかり身につけます。

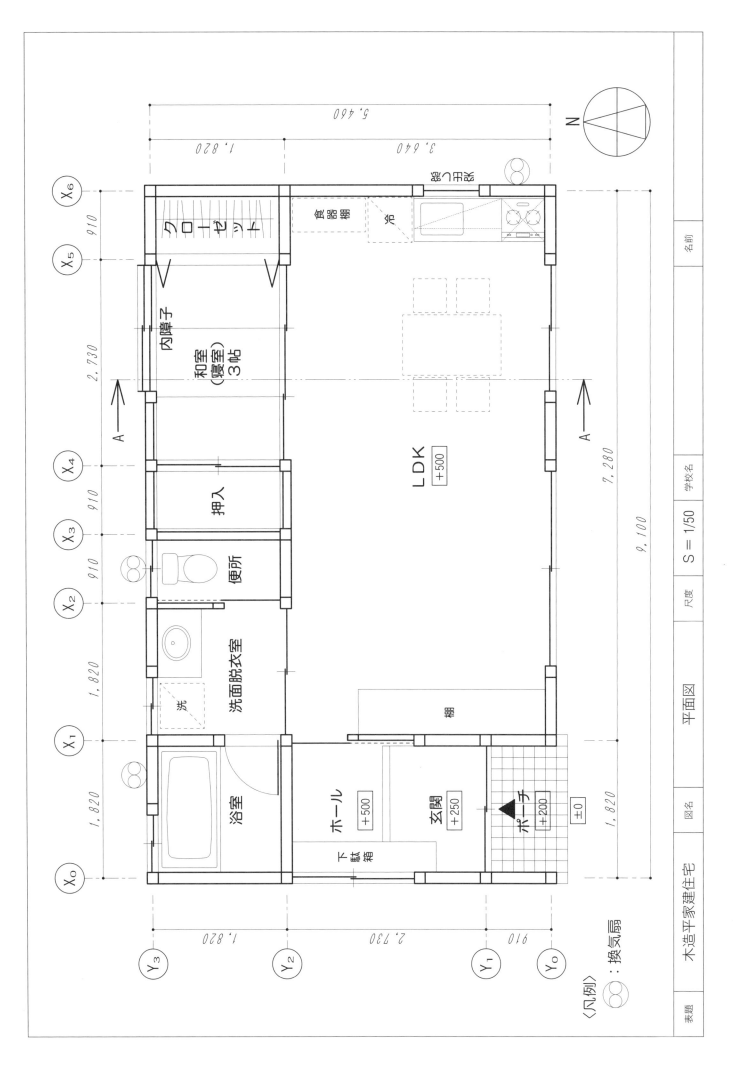

木造平家建住宅

平面図

S＝1/50

N

5,460
3,640
1,820

X₆
910
X₅
2,730
X₄
910
X₃
910
X₂
1,820
X₁
1,820
X₀

7,280
9,100

天ウ戸袋

食器棚

冷

クローゼット

内障子

和室
（寝室）3帖

押入

便所

洗面脱衣室

洗

LDK
＋500

浴室

ホール
＋500

下駄箱

玄関
＋250

棚

ポーチ
＋200

±0

1,820

Y₃
1,820
Y₂
2,730
Y₁
910
Y₀

A→

A→

〈凡例〉
⊗：換気扇

表題　木造平家建住宅　図名　平面図　尺度　S＝1/50　学校名　名前

27

【課題1】初めて平面図を作図する前に、壁及び開口部の平面図の作図練習をしましょう。

いちばん上の完成図を見ながら、2～4段目の未完成図面を完成させなさい。（縮尺：1/50、壁厚：150mm）

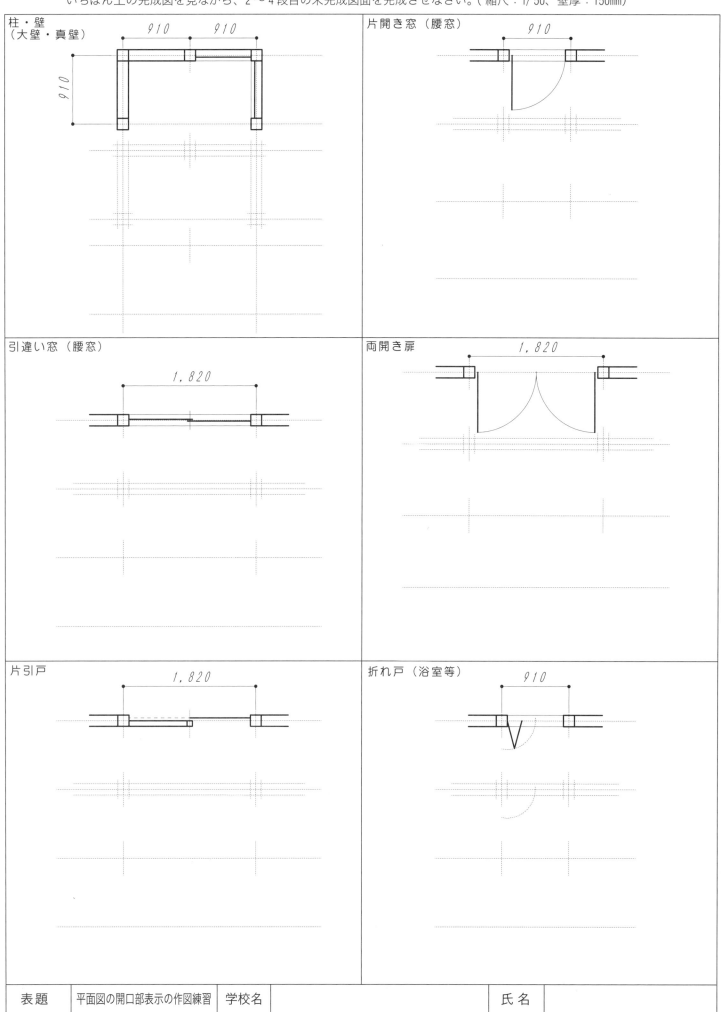

| 表題 | 平面図の開口部表示の作図練習 | 学校名 | | 氏名 | |

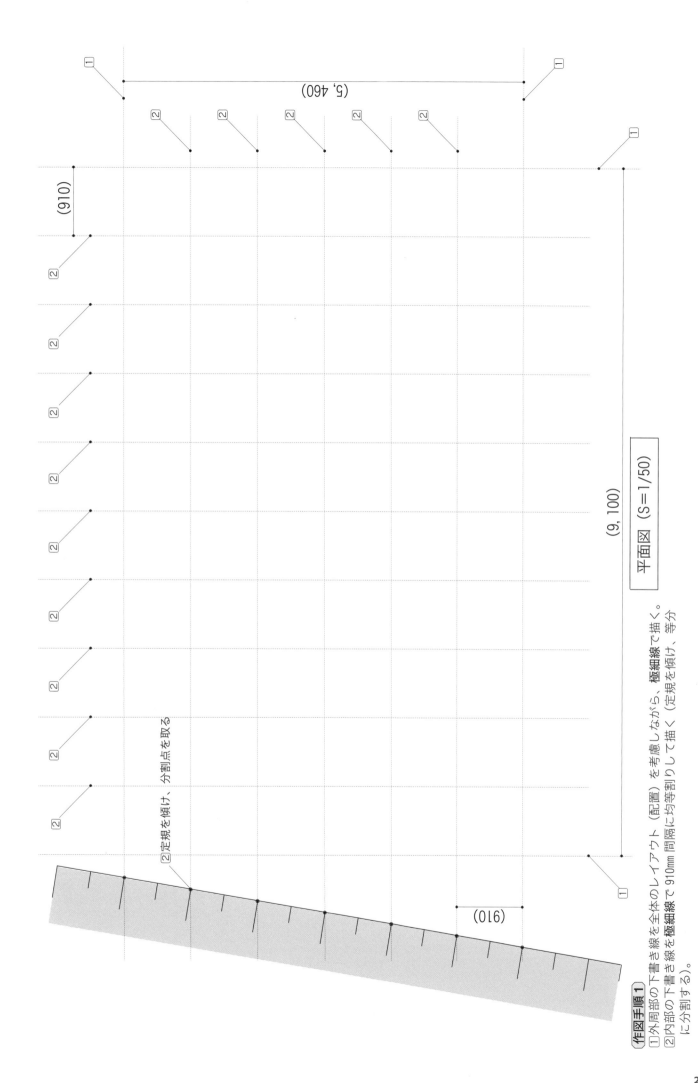

平面図 （S＝1/50）

（9,100）

（910）

（5,460）

（910）

①外周部の下書き線を全体のレイアウト（配置）を考慮しながら、極細線で描く。
②内部の下書き線を極細線で910mm間隔に均等割りして描く（定規を傾け、等分に分割する）。

②定規を傾け、分割点を取る

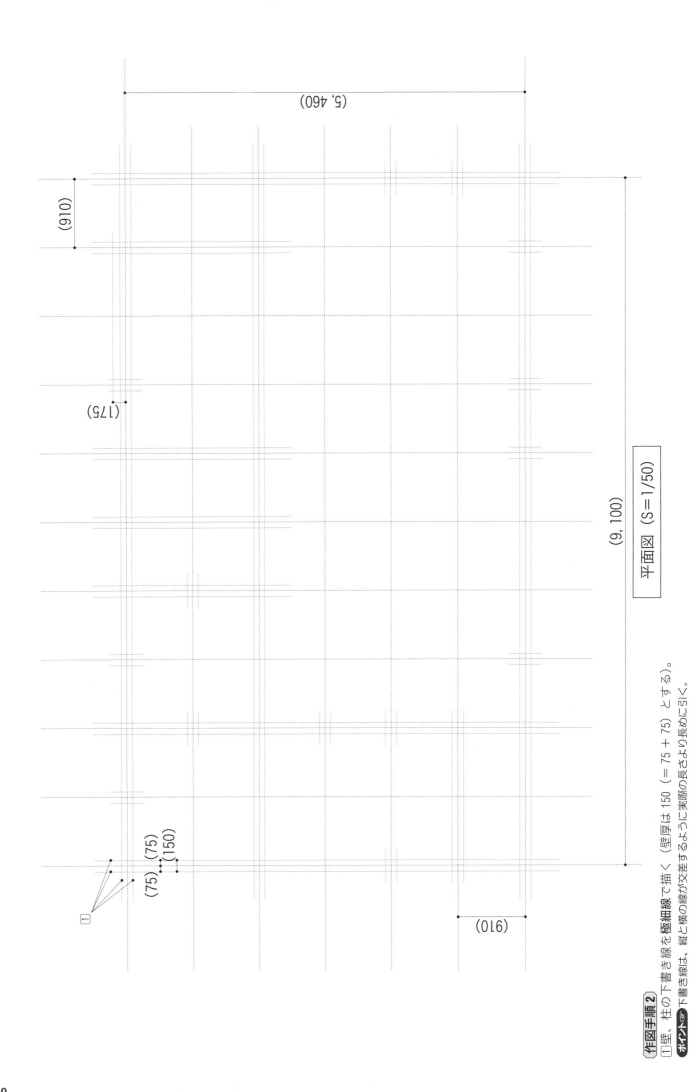

平面図 (S＝1/50)

(5,460)

(910)

(175)

(9,100)

(910)

(75)
(75)
(150)
(75)

1

作図手順 2

① 壁、柱の下書き線を極細線で描く（壁厚は 150（＝75 + 75）とする）。

ポイント➡ 下書き線は、縦と横の線の交差する線が交差するように実際の長さより長めに引く。

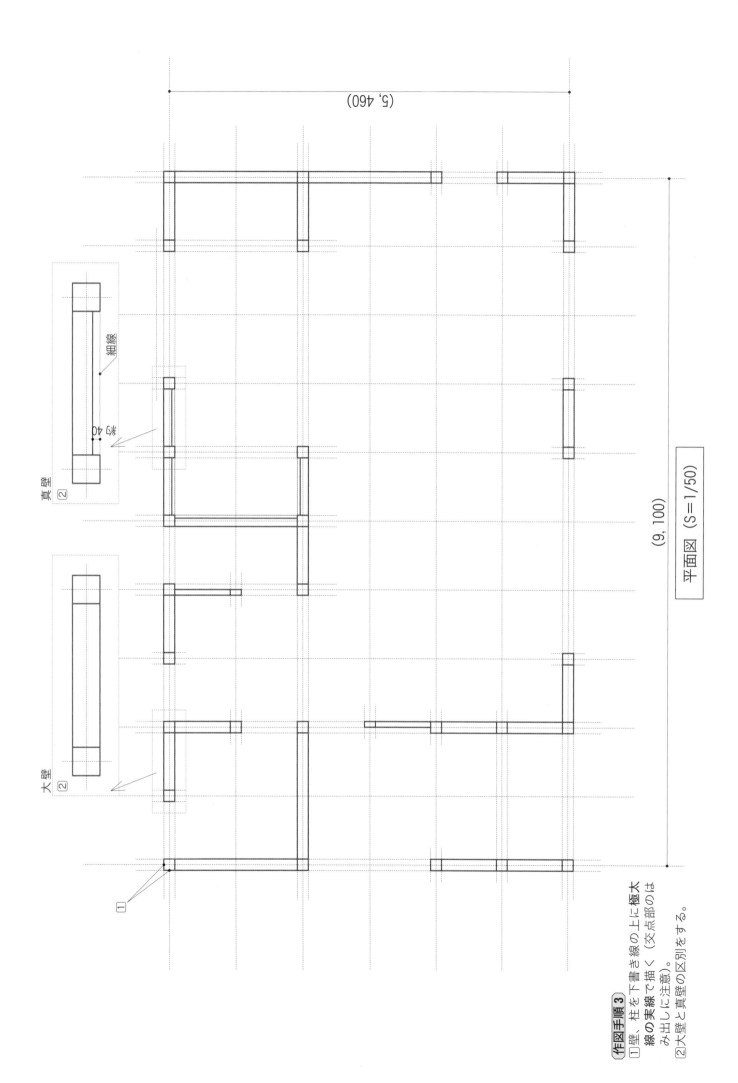

平面図 (S＝1/50)

(9, 100)

(5, 460)

真壁
②

細線

柱
40 40

大壁
②

①

作図手順3
①壁、柱を下書き線の上に極太
　線の実線で描く（交点部のは
　み出しに注意）。
②大壁と真壁の区別をする。

31

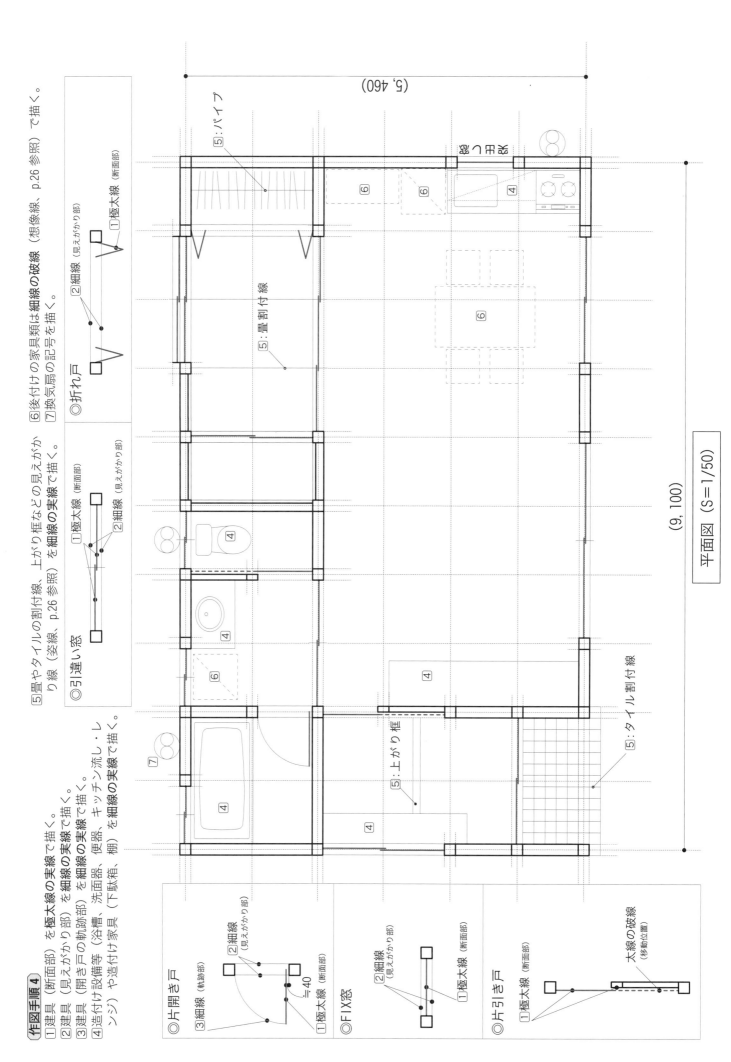

作図手順 4

①建具（断面部）を極太線の実線で描く。
②建具（見えがかり部）を細線の実線で描く。
③建具（開き戸の軌跡部）を細線の実線で描く。
④造付け設備等（浴槽、便器、洗面器、キッチン流し・レンジ）や造付け家具（下駄箱、棚）を細線の実線で描く。

⑤畳やタイルの割付線、上がり框などの見えがかり線（姿線、p.26参照）を細線の実線で描く。

⑥後付けの家具類は細線の破線（想像線、p.26参照）で描く。
⑦換気扇の記号を描く。

◎片引き戸
①極太線（断面部）
大線の破線（移動位置）

◎FIX窓
②細線（見えがかり部）
①極太線（断面部）

◎片開き戸
③細線（軌跡部）
②細線（見えがかり部）
≒40
①極太線（断面部）

◎引違い窓
①極太線（断面部）
②細線（見えがかり部）

◎折れ戸
②細線（見えがかり部）
①極太線（断面部）

平面図 （S＝1/50）

(9,100)

(5,460)

⑤：パイプ
⑤：畳割付線
⑤：タイル割付線
⑤：上がり框

脱衣室

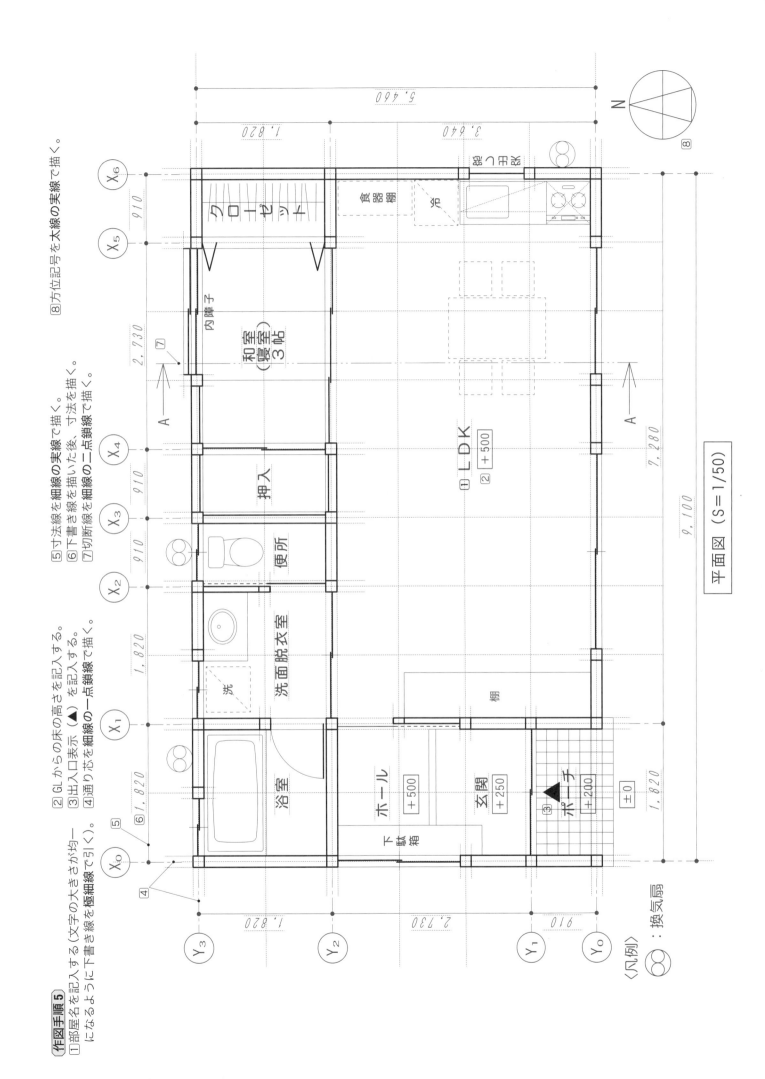

作図手順5

①部屋名を記入する（文字の大きさが均一になるように下書き線を極細線で引く）。
②GLからの床の高さを記入する。
③出入口表示（▲）を記入する。
④通り芯を細線の一点鎖線で描く。
⑤寸法線を細線の実線で描く。寸法線を描いた後、寸法を描く。
⑥下書き線を実線で描く。
⑦切断線を細線の二点鎖線で描く。
⑧方位記号を太線の実線で描く。

5,460

1,820　3,640

910

2,730

910

910

1,820

1,820

7,280

9,100

1,820

910　2,730　1,820

クローゼット

食器棚

冷

内障子

和室（寝室）3帖

押入

便所

洗面脱衣室

洗

LDK
①
② +500

棚

浴室

ホール
+500

玄関
+250

下駄箱

ポーチ
③ +200

±0

平面図（S＝1/50）

N
⑧

X6　X5　X4　X3　X2　X1　X0

Y3　Y2　Y1　Y0

A　A

⑦　④　⑥　⑤

〈凡例〉

⊗ ：換気扇

33

①配置図とは、建築物が建つ敷地の形状および道路や建築物の位置関係を作図したものです。
②配置図を作図する場合、原則として**北**を上に描きます。
③縮尺は、一般的に、1/100 ～ 1/500（一般住宅は 1/100 ～ 1/200）程度を用います。
④配置図に記入する要素は、**敷地、道路、建築物の平面形状、テラス、ポーチ、門扉、塀、樹木、附属施設**などがあります。
⑤配置図は、平面図（1 階平面図）と兼ねて、「配置図兼平面図（1 階平面図）」とする場合があります（次ページの作図
　例を参照）。

作図手順

①敷地の形状及び建築物の外壁の中心線及び外壁面などの下書き線を**極細線**で描く。
②**極細線**の上から、道路境界線および隣地境界線は**極太線の一点鎖線**で、それ以外の道路境界線は**太線の実線**で描く。
　また、道路中心線は**細線の一点鎖線**で描く。
③**極細線**の上から、建築物の外壁中心線を**細線の一点鎖線**で、外壁面を**極太線の一点鎖線**で描く。
④門扉、塀、駐車場（車本体（1.7m × 4.5 ～ 4.7m）、樹木、附属施設などを描く。
⑤建築物を**細線の実線**でハッチングする。
⑥寸法、文字、出入口記号▲、方位などを記入する。

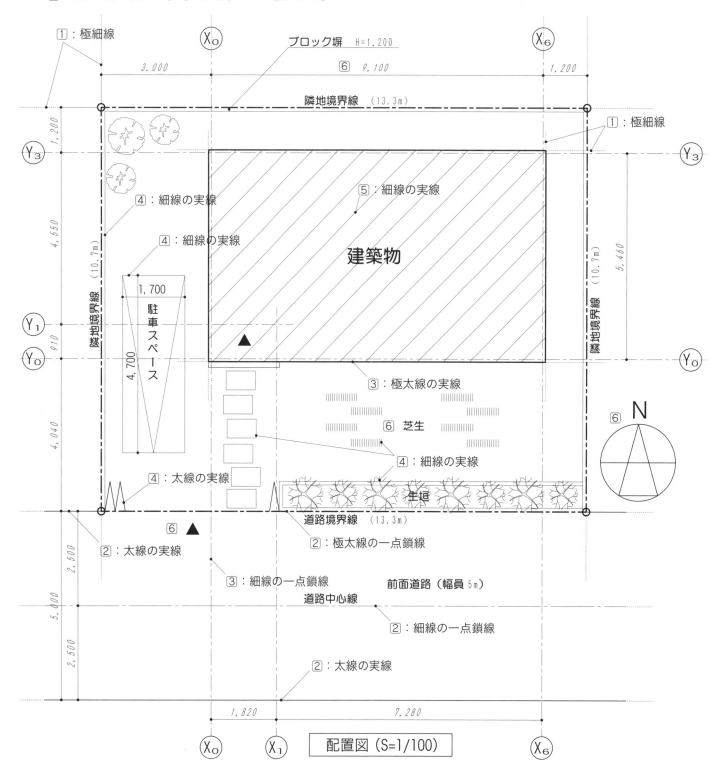

配置図（S=1/100）

下の作図例は配置図を平面図と兼ねて「配置図兼平面図」とした場合の例です。

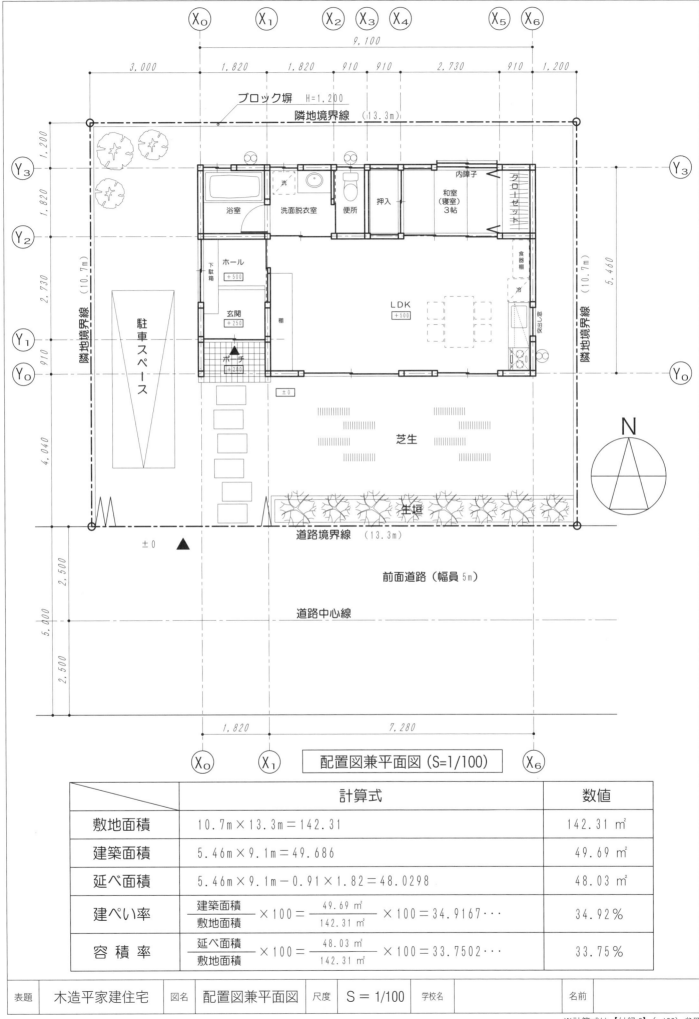

配置図兼平面図（S＝1/100）

	計算式	数値
敷地面積	$10.7m × 13.3m = 142.31$	142.31 ㎡
建築面積	$5.46m × 9.1m = 49.686$	49.69 ㎡
延べ面積	$5.46m × 9.1m - 0.91 × 1.82 = 48.0298$	48.03 ㎡
建ぺい率	$\dfrac{建築面積}{敷地面積} × 100 = \dfrac{49.69 ㎡}{142.31 ㎡} × 100 = 34.9167\cdots$	34.92 %
容積率	$\dfrac{延べ面積}{敷地面積} × 100 = \dfrac{48.03 ㎡}{142.31 ㎡} × 100 = 33.7502\cdots$	33.75 %

表題	木造平家建住宅	図名	配置図兼平面図	尺度	S＝1/100	学校名		名前	

※計算式は【付録2】（p.136）参照

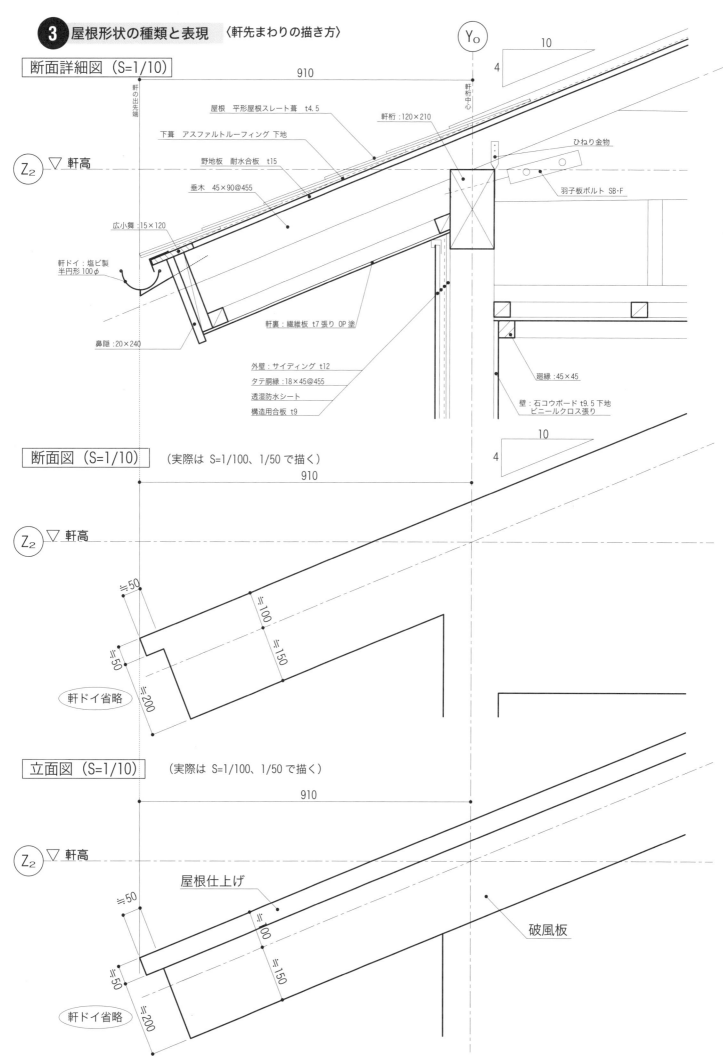

断面詳細図（S=1/10）

910

10
4

軒の出先端

屋根 平形屋根スレート葺 t4.5

軒桁：120×210

下葺 アスファルトルーフィング 下地

ひねり金物

野地板 耐水合板 t15

Z_2 ▽ 軒高

軒桁中心

垂木 45×90@455

羽子板ボルト SB・F

広小舞：15×120

軒ドイ：塩ビ製
半円形 100φ

軒裏：繊維板 t7張り OP塗

鼻隠：20×240

外壁：サイディング t12
タテ胴縁：18×45@455
透湿防水シート
構造用合板 t9

廻縁：45×45

壁：石コウボード t9.5 下地
ビニールクロス張り

Y_0

断面図（S=1/10）　（実際は S=1/100、1/50 で描く）

910

10
4

Z_2 ▽ 軒高

≒50
≒50
≒100
≒150
≒200

軒ドイ省略

立面図（S=1/10）　（実際は S=1/100、1/50 で描く）

910

Z_2 ▽ 軒高

≒50
≒50
≒100
≒150
≒200

軒ドイ省略

屋根仕上げ

破風板

▶ 切妻屋根・軒天勾配タイプ

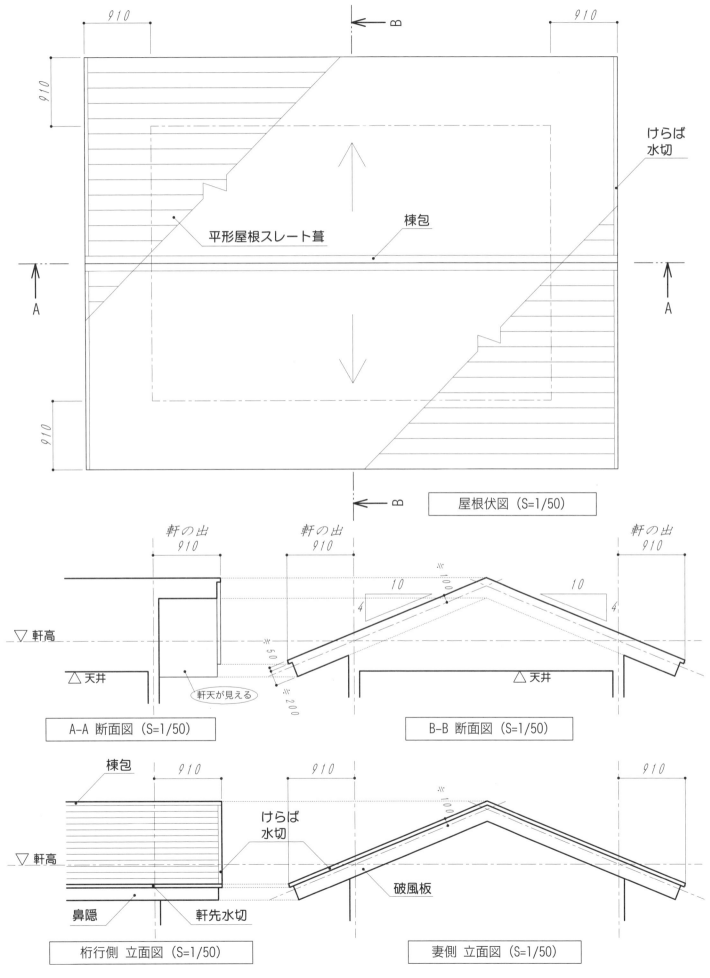

けらば
水切

910

910

910

平形屋根スレート葺

棟包

A

A

B

B

屋根伏図 (S=1/50)

軒の出
910

軒の出
910

軒の出
910

10

10

4

4

▽ 軒高

△ 天井

△ 天井

≒50

≒200

軒天が見える

A-A 断面図 (S=1/50)

B-B 断面図 (S=1/50)

棟包

910

910

910

けらば
水切

▽ 軒高

破風板

鼻隠

軒先水切

桁行側 立面図 (S=1/50)

妻側 立面図 (S=1/50)

▶ 切妻屋根・軒天水平タイプ

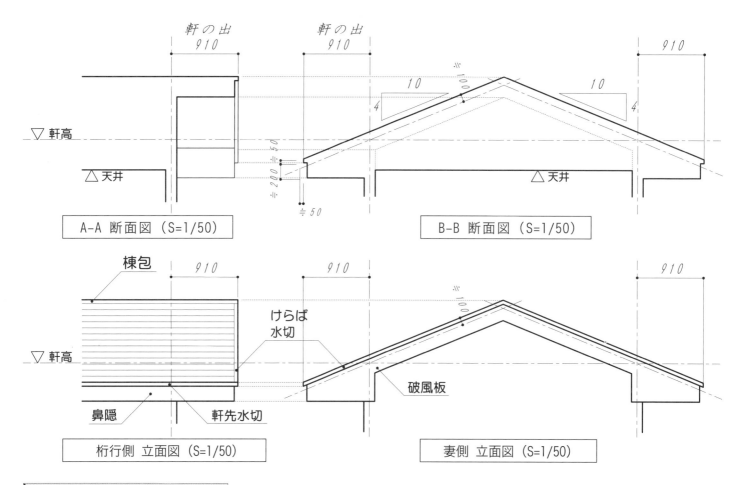

軒の出 910

軒の出 910

910

10

4

▽ 軒高

△ 天井

≒50

≒50

≒280

A-A 断面図（S=1/50）

B-B 断面図（S=1/50）

△ 天井

棟包

910

910

910

▽ 軒高

けらば水切

破風板

鼻隠

軒先水切

桁行側 立面図（S=1/50）

妻側 立面図（S=1/50）

▶ 切妻屋根・軒天化粧タイプ

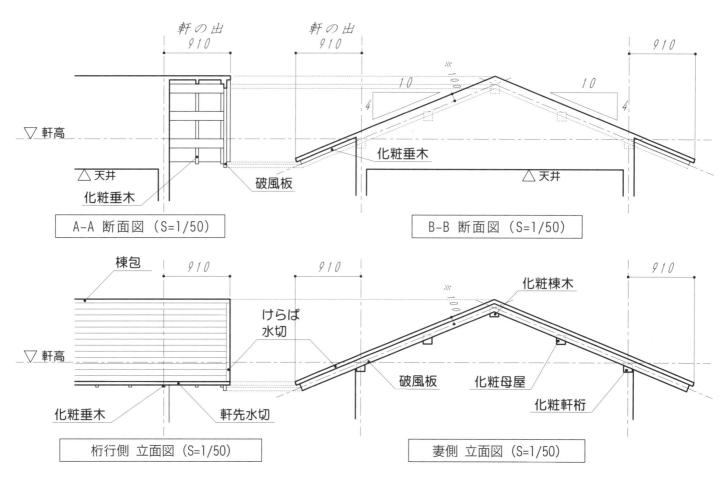

軒の出 910

軒の出 910

910

10

4

▽ 軒高

△ 天井

化粧垂木

破風板

化粧垂木

A-A 断面図（S=1/50）

B-B 断面図（S=1/50）

△ 天井

棟包

910

910

910

化粧棟木

▽ 軒高

けらば水切

破風板

化粧母屋

化粧垂木

軒先水切

化粧軒桁

桁行側 立面図（S=1/50）

妻側 立面図（S=1/50）

▶ 寄棟屋根・軒天水平タイプ

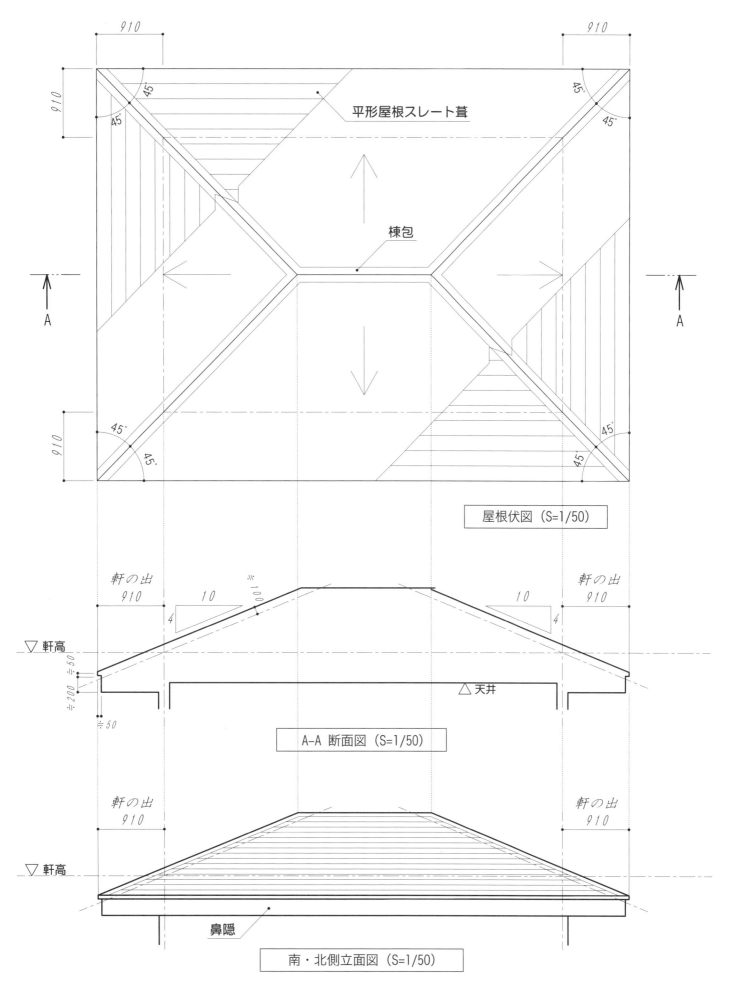

平形屋根スレート葺

棟包

屋根伏図（S=1/50）

軒の出 910

軒の出 910

▽ 軒高

△ 天井

A-A 断面図（S=1/50）

軒の出 910

軒の出 910

▽ 軒高

鼻隠

南・北側立面図（S=1/50）

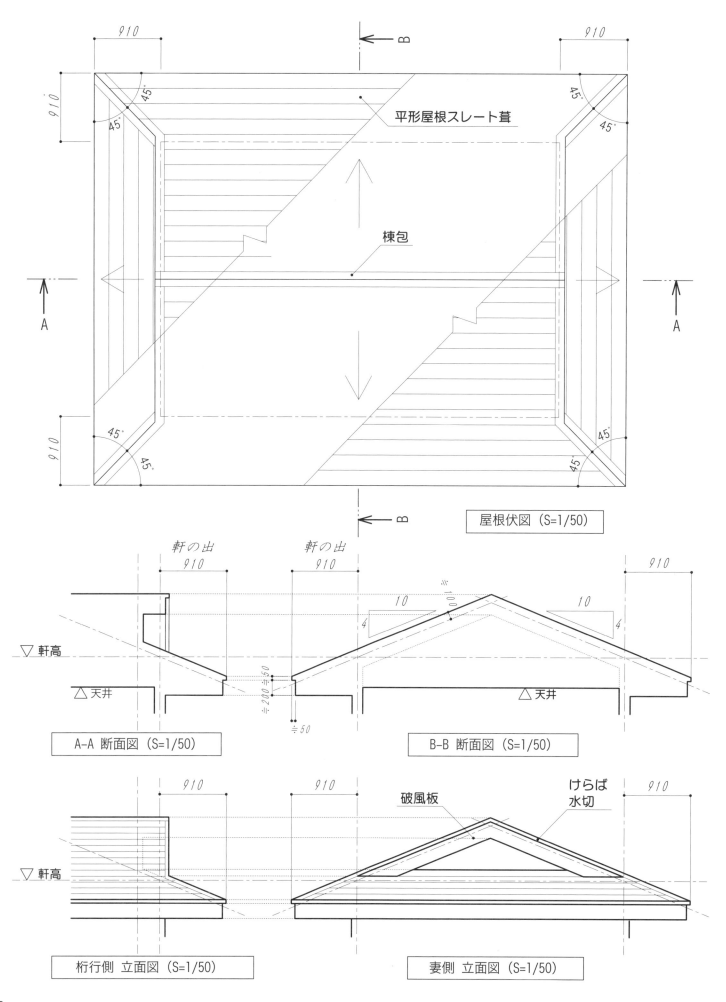

平形屋根スレート葺

棟包

屋根伏図 （S=1/50）

軒の出
910

軒の出
910

▽軒高

△天井

A-A 断面図 （S=1/50）

910

10

10

4

4

△天井

B-B 断面図 （S=1/50）

910

▽軒高

桁行側 立面図 （S=1/50）

910

910

破風板

けらば
水切

▽軒高

妻側 立面図 （S=1/50）

▶ 片流れ屋根

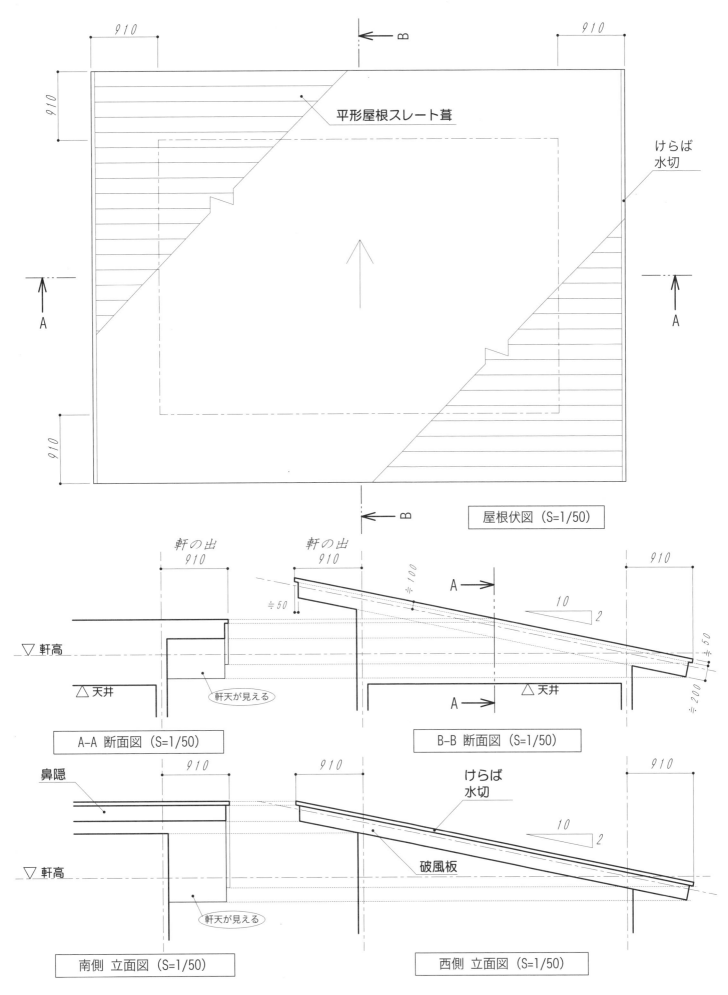

910

910

910

平形屋根スレート葺

けらば
水切

屋根伏図 （S=1/50）

A

B

B

A

軒の出
910

軒の出
910

≒100

A

10
2

≒50

▽ 軒高

△ 天井

軒天が見える

A-A 断面図 （S=1/50）

A

A

△ 天井

≒50

≒200

B-B 断面図 （S=1/50）

鼻隠

910

910

けらば
水切

10
2

▽ 軒高

軒天が見える

破風板

南側 立面図 （S=1/50）

西側 立面図 （S=1/50）

▶ 切妻屋根・軒天化粧タイプ（瓦葺き屋根）

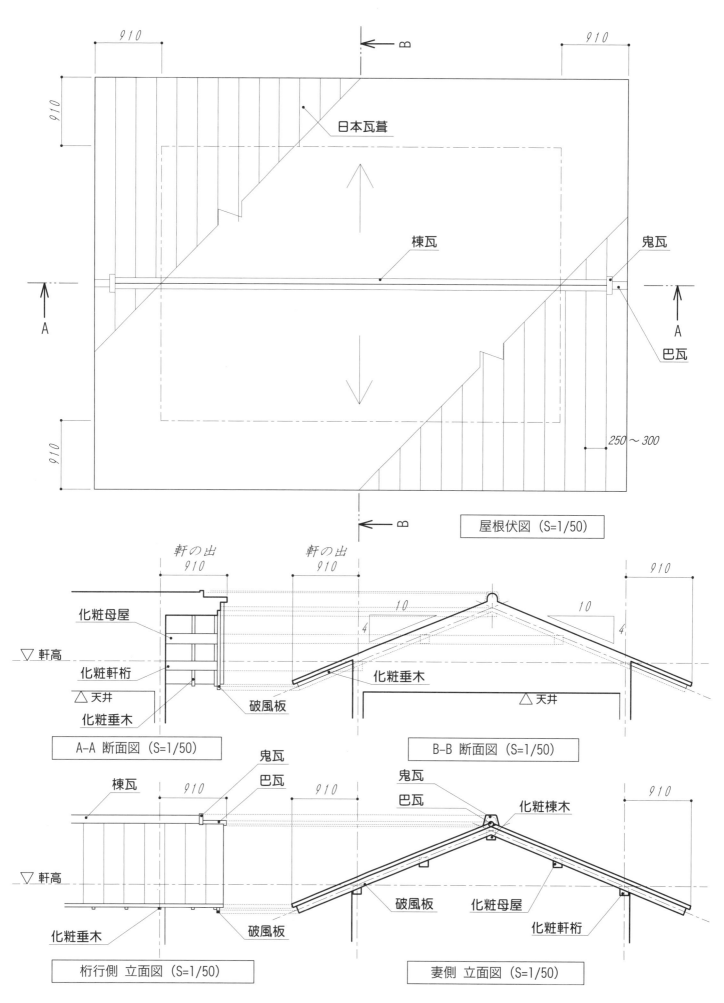

910

910

910

日本瓦葺

棟瓦

鬼瓦

A

A

巴瓦

910

910

250〜300

B

B

屋根伏図（S=1/50）

軒の出
910

軒の出
910

910

化粧母屋

10

10

4

4

▽ 軒高

化粧軒桁

化粧垂木

化粧垂木

破風板

△ 天井

△ 天井

A-A 断面図（S=1/50）

B-B 断面図（S=1/50）

棟瓦

鬼瓦

巴瓦

910

910

鬼瓦

巴瓦

化粧棟木

910

▽ 軒高

化粧垂木

破風板

破風板

化粧母屋

桁行側 立面図（S=1/50）

化粧軒桁

妻側 立面図（S=1/50）

▶ 切妻屋根・軒天勾配タイプ（瓦葺き屋根）

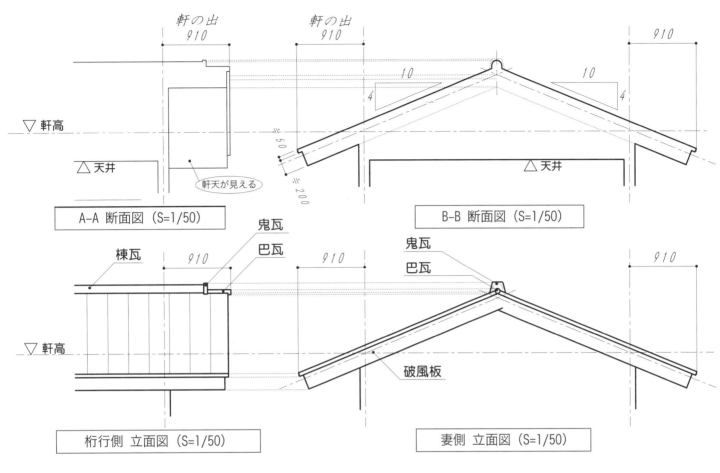

軒の出
910

軒の出
910

910

10

4

△ 軒高

△ 天井

軒天が見える

A-A 断面図（S=1/50）

10

4

≒50

≒200

△ 天井

B-B 断面図（S=1/50）

鬼瓦

巴瓦

棟瓦

910

△ 軒高

桁行側 立面図（S=1/50）

鬼瓦

巴瓦

910

破風板

910

妻側 立面図（S=1/50）

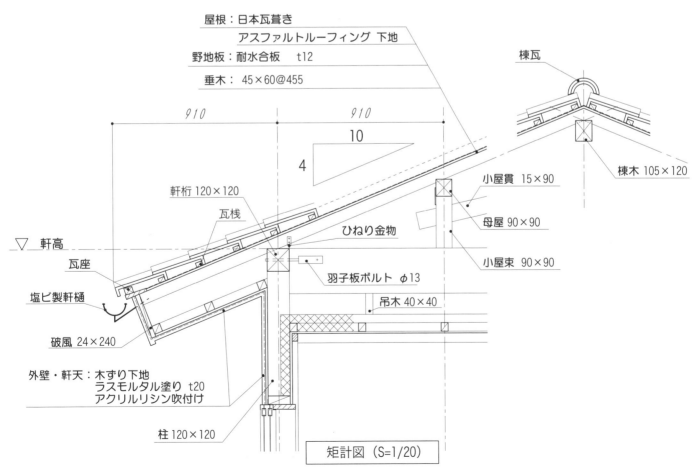

屋根：日本瓦葺き
アスファルトルーフィング 下地
野地板：耐水合板　t12
垂木：45×60@455

棟瓦

910

910

10

4

軒桁 120×120

瓦桟

ひねり金物

△ 軒高

瓦座

塩ビ製軒樋

破風 24×240

外壁・軒天：木ずり下地
ラスモルタル塗り t20
アクリルリシン吹付け

柱 120×120

羽子板ボルト φ13

吊木 40×40

棟木 105×120

小屋貫 15×90

母屋 90×90

小屋束 90×90

矩計図（S=1/20）

4 L字形平面の屋根伏図と立面図の関係

▷切妻屋根A

最も一般的な屋根のかけ方。
南面の開口部で四季の太陽光の調整が容易。

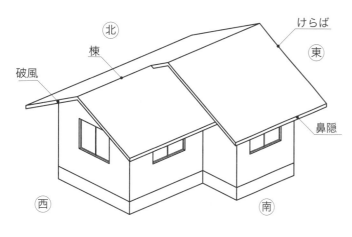

→屋根の厚みを考えない場合〈S=1/200〉
屋根勾配：5/10とする

北平面図

西立面図

東立面図

屋根伏図

南立面図

→屋根の厚みを考慮した場合〈S=1/100〉

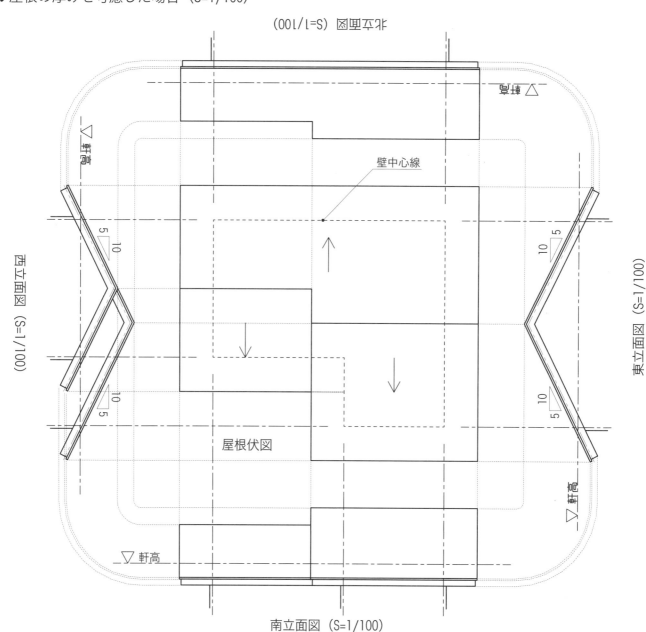

北平面図（S=1/100）

▽軒高

壁中心線

西立面図（S=1/100）

東立面図（S=1/100）

屋根伏図

▽軒高

南立面図（S=1/100）

▷切妻屋根B

長辺方向に屋根をかける大屋根タイプ。
建築物を大きく見せる。
南面の開口部で四季の太陽光の調整が
しにくいため、窓庇が必要な場合あり。

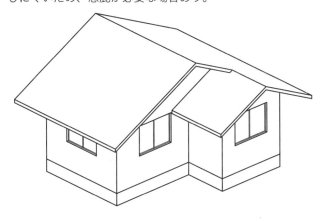

▷切妻屋根C

切妻の大屋根タイプの一部を入母屋形式に
したもの。

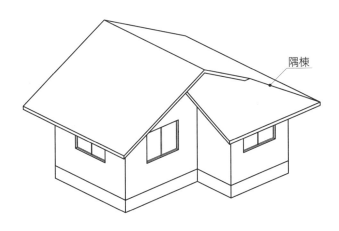

隅棟

▷切妻屋根D

2つの切妻屋根が交差して屋根を構成。
交差部に「谷」ができるため、雨仕舞に注意。

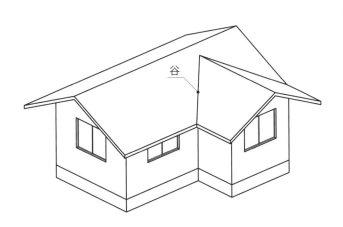

谷

➡ 屋根の厚みを考えない場合〈S=1/200〉

屋根勾配は5/10とする

屋根伏図

北立面図
西立面図
東立面図
南立面図

屋根勾配は5/10とする

屋根伏図

北立面図
西立面図
東立面図
南立面図

屋根勾配は5/10とする

屋根伏図

北立面図
西立面図
東立面図
南立面図

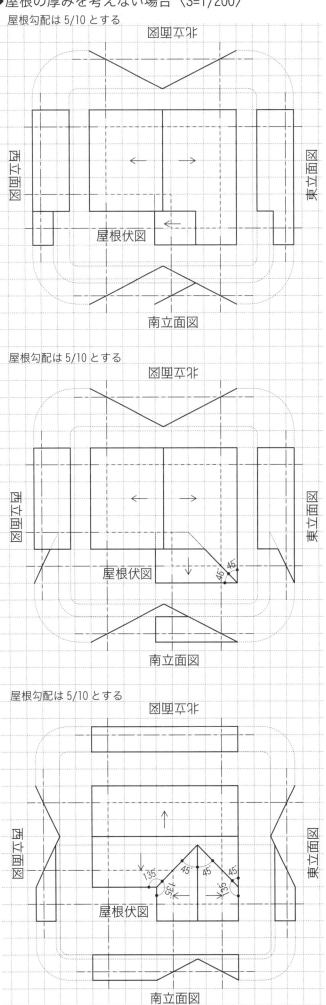

▷切妻屋根 E

切妻屋根の一部が寄棟屋根となっている。

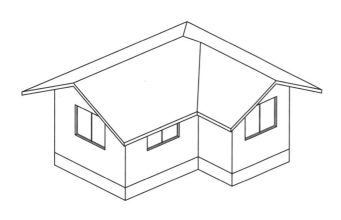

▷寄棟屋根

破風がないため、落ち着いた雰囲気。
開口部で四季の太陽光の調整が容易。

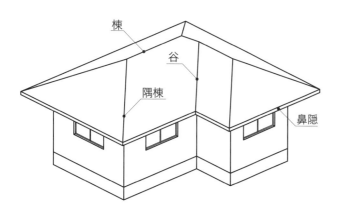

棟
谷
隅棟
鼻隠

▷入母屋屋根

寄棟屋根の上に切妻屋根を乗せ、一体化
したもの。神社仏閣に多く用いられる。

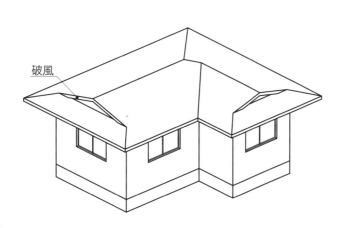

破風

→屋根の厚みを考えない場合〈S=1/200〉

屋根勾配は 5/10 とする

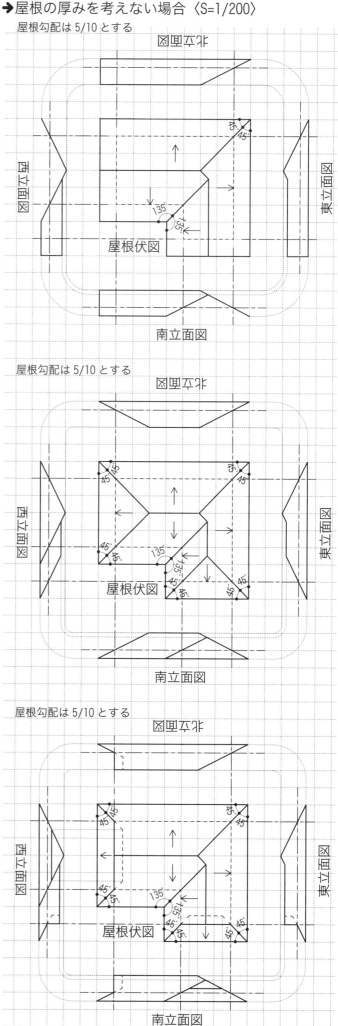

北平面図
西立面図
東立面図
屋根伏図
南立面図

屋根勾配は 5/10 とする

北平面図
西立面図
東立面図
屋根伏図
南立面図

屋根勾配は 5/10 とする

北平面図
西立面図
東立面図
屋根伏図
南立面図

▷片流れ屋根A
２つの流れ方向が逆の片流れ屋根を
組み合わせた屋根。

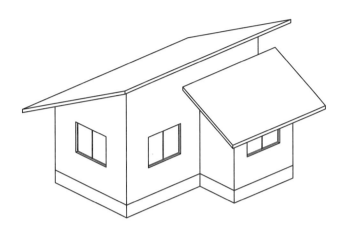

▷片流れ屋根B
最も単純な形の屋根で、一方向だけに
勾配のある屋根。

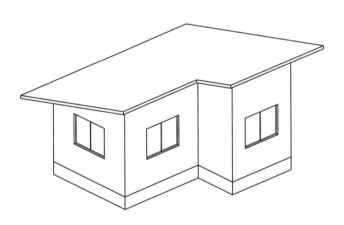

▷片流れ屋根C
片流れの大屋根タイプ。

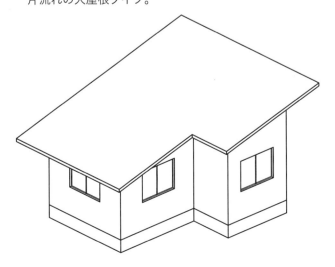

➡屋根の厚みを考えない場合　〈S=1/200〉

屋根勾配は 5/10 とする

屋根勾配は 2.5/10 とする

屋根勾配は 2.5/10 とする

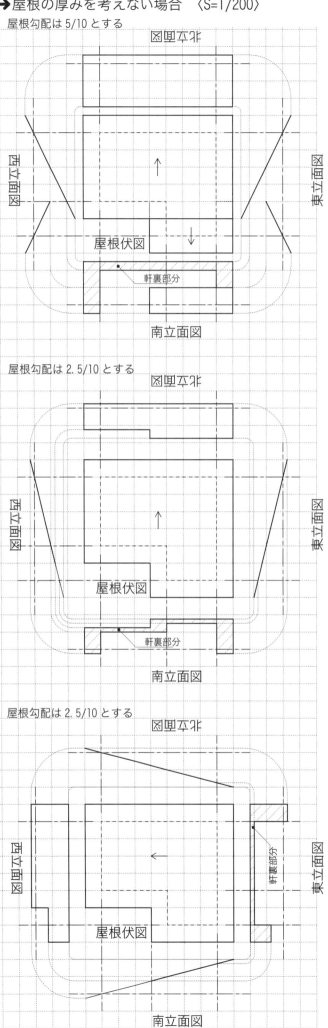

北立面図

西立面図

東立面図

屋根伏図

軒裏部分

南立面図

建築物には、窓や扉などの開口部を、外壁および内壁に設ける必要がありますが、その表現は縮尺によって違います。ここでは、縮尺1/100の表現をわかりやすく1/30及び1/50で説明します。

平面・立面・断面図の関連性を理解してください。

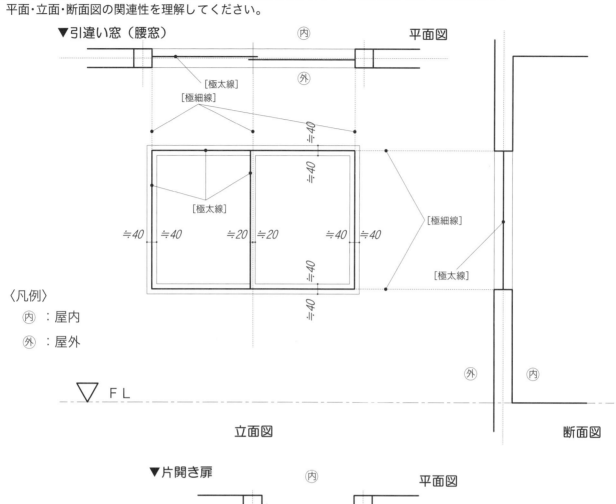

〈凡例〉

　内：屋内

　外：屋外

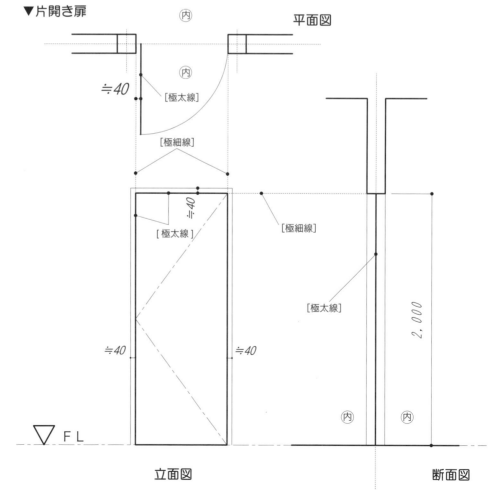

※上記の図面は縮尺1/30

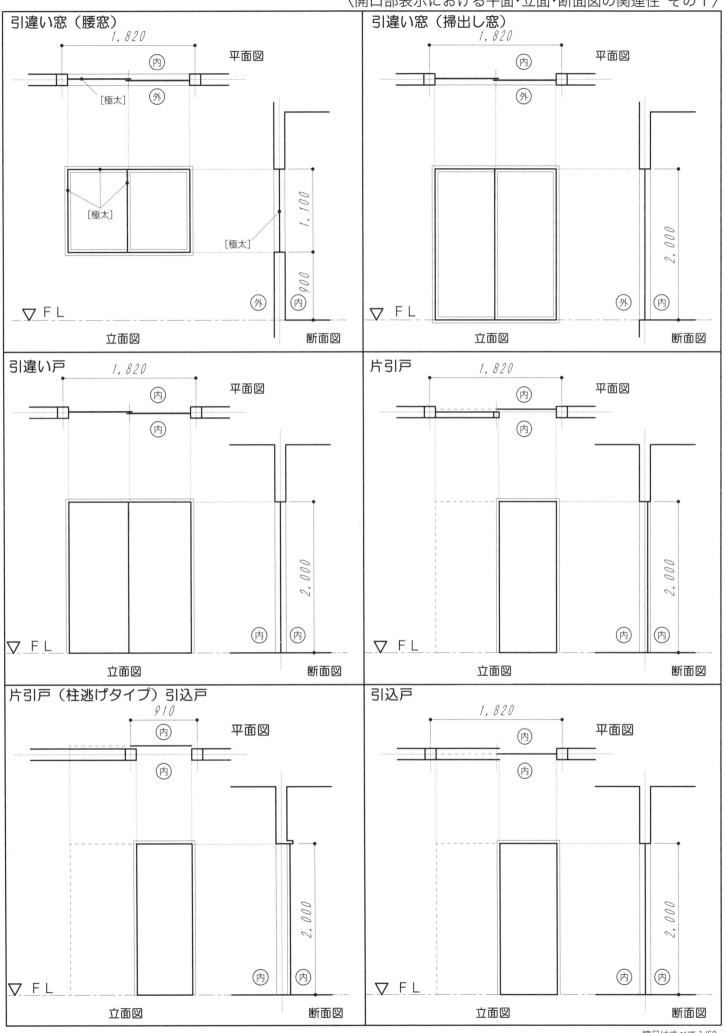

引違い窓（腰窓）
1,820
内
外
[極太]
[極太]
[極太]
1,100
900
外
内
▽FL
平面図
立面図
断面図

引違い窓（掃出し窓）
1,820
内
外
2,000
外
内
▽FL
平面図
立面図
断面図

引違い戸
1,820
内
内
2,000
内
内
▽FL
平面図
立面図
断面図

片引戸
1,820
内
内
2,000
内
内
▽FL
平面図
立面図
断面図

片引戸（柱逃げタイプ）引込戸
910
内
内
2,000
内
内
▽FL
平面図
立面図
断面図

引込戸
1,820
内
内
2,000
内
内
▽FL
平面図
立面図
断面図

縮尺はすべて 1/50

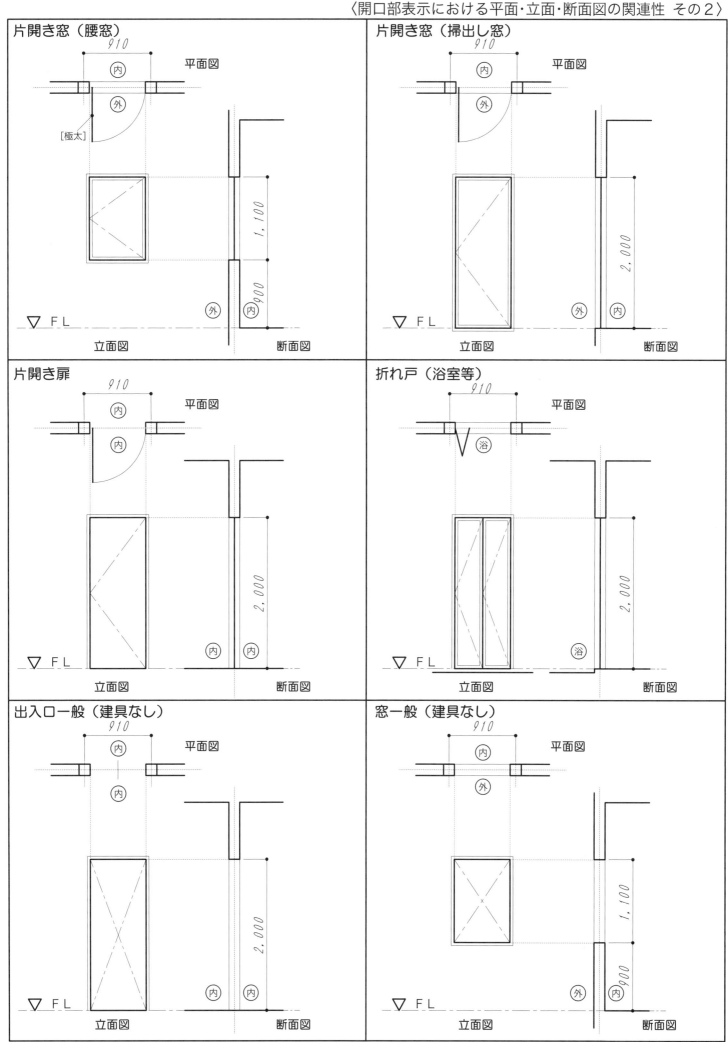

片開き窓（腰窓）

910

内

外

[極太]

平面図

立面図

断面図

1,100

900

▽ F L

外 内

片開き窓（掃出し窓）

910

内

外

平面図

立面図

断面図

2,000

▽ F L

外 内

片開き扉

910

内

内

平面図

立面図

断面図

2,000

▽ F L

内 内

折れ戸（浴室等）

910

浴

平面図

立面図

断面図

2,000

▽ F L

浴

出入口一般（建具なし）

910

内

内

平面図

立面図

断面図

2,000

▽ F L

内 内

窓一般（建具なし）

910

内

外

平面図

立面図

断面図

1,100

900

▽ F L

外 内

縮尺はすべて 1/50

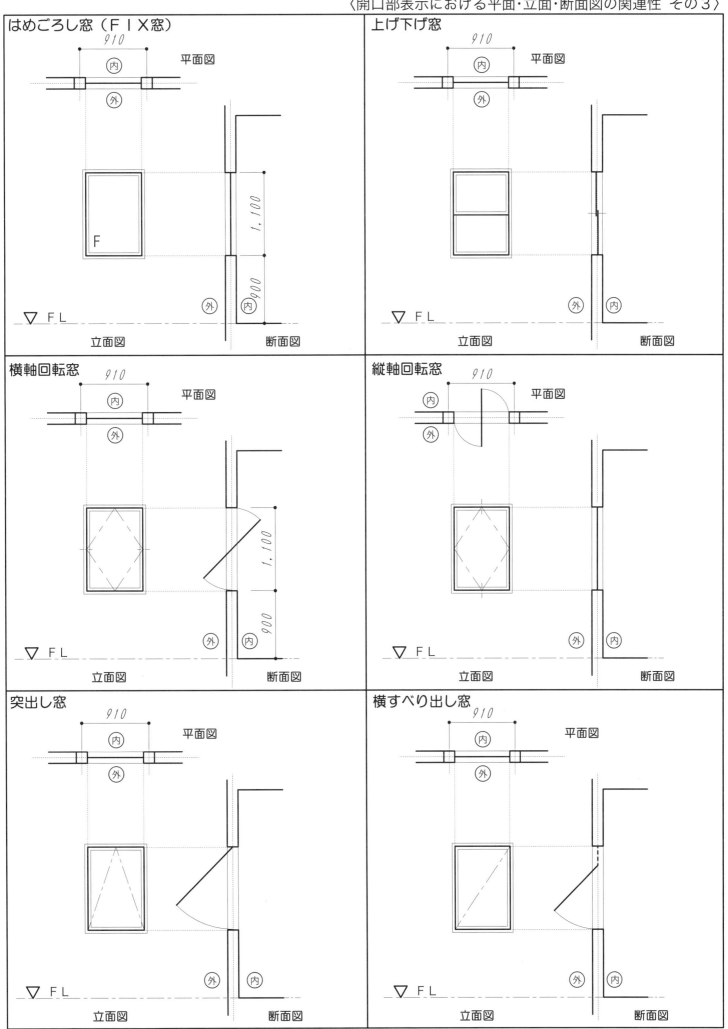

はめごろし窓（FIX窓）

910

内
外

平面図

F

▽ FL

立面図

1,100
900

外　内

断面図

上げ下げ窓

910

内
外

平面図

▽ FL

立面図

外　内

断面図

横軸回転窓

910

内
外

平面図

▽ FL

立面図

1,100
900

外　内

断面図

縦軸回転窓

910

内
外

平面図

▽ FL

立面図

外　内

断面図

突出し窓

910

内
外

平面図

▽ FL

立面図

外　内

断面図

横すべり出し窓

910

内
外

平面図

▽ FL

立面図

外　内

断面図

縮尺はすべて 1/50

51

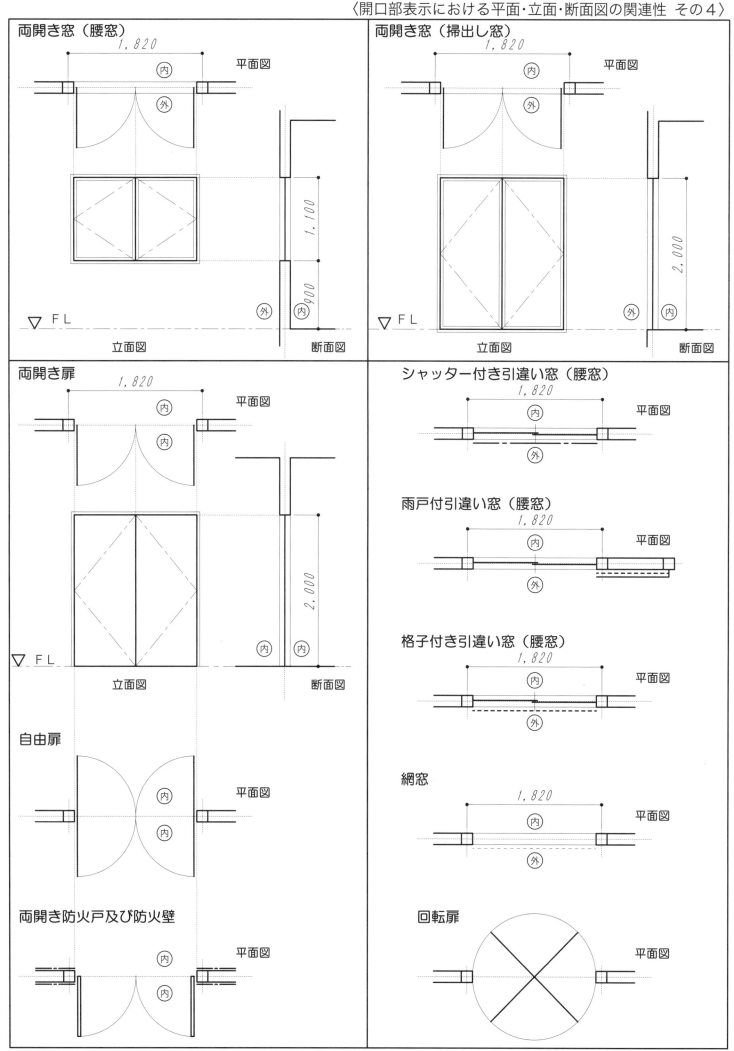

両開き窓（腰窓）

1,820

内
外

平面図

1,100

900

外　内

▽ FL

立面図　　　　　　　　　　　断面図

両開き窓（掃出し窓）

1,820

内
外

平面図

2,000

外　内

▽ FL

立面図　　　　　　　　　　　断面図

両開き扉

1,820

内
内

平面図

2,000

内　内

▽ FL

立面図　　　　　　　　　　　断面図

自由扉

内
内

平面図

両開き防火戸及び防火壁

内
内

平面図

シャッター付き引違い窓（腰窓）

1,820

内
外

平面図

雨戸付引違い窓（腰窓）

1,820

内
外

平面図

格子付き引違い窓（腰窓）

1,820

内
外

平面図

網窓

1,820

内
外

平面図

回転扉

平面図

縮尺はすべて1/50

①断面図とは、建築物を指定したところで鉛直に切断し、矢印方向に見た様子を作図したものです（ただし、壁の側面は見えないものとします）。

②断面図は、建築物と地盤との関係や各部の高さや形状を示すことが目的です。

③切断する位置は、平面図に示しますが、**できるだけ開口部がある部分を通るよう**にします。

④切断は、必ずしも一直線にする必要はなく、図示する必要がある箇所があれば途中で切断位置を変えることができます。ただし、折曲がりは直角とします。

⑤断面図に記入する要素は、**基準地盤、床高、軒高、最高高さ、屋根勾配、軒の出**、各室の天井高、開口部高、床の高低差、室名などがあります。

⑥断面図には高さ方向の基準線があり、Z_0、Z_1、……で表記します。

⑦断面線は**極太線の実線**で、姿線は**細線の実線**で作図します。

⑧屋根勾配を示す直角三角形は、**細線の実線**で作図します。

⑨断面図を作図するときは、平面図を近くに置いて、必要に応じて、平面図から線を延長させ、その関連性を確認しながら描きます。

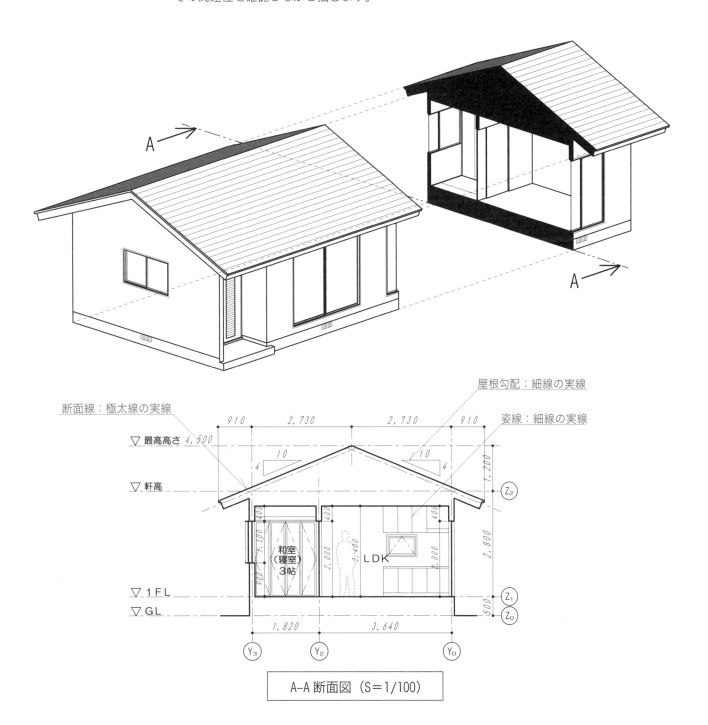

屋根勾配：細線の実線
断面線：極太線の実線
姿線：細線の実線

A-A 断面図（S＝1/100）

◎上記に示す断面図は、縮尺 1/100 です。ここでは、1/100 の作図表現で、縮尺 1/50 に拡大した図面を例に作図の練習をし、線の使い分けをしっかり身につけます。

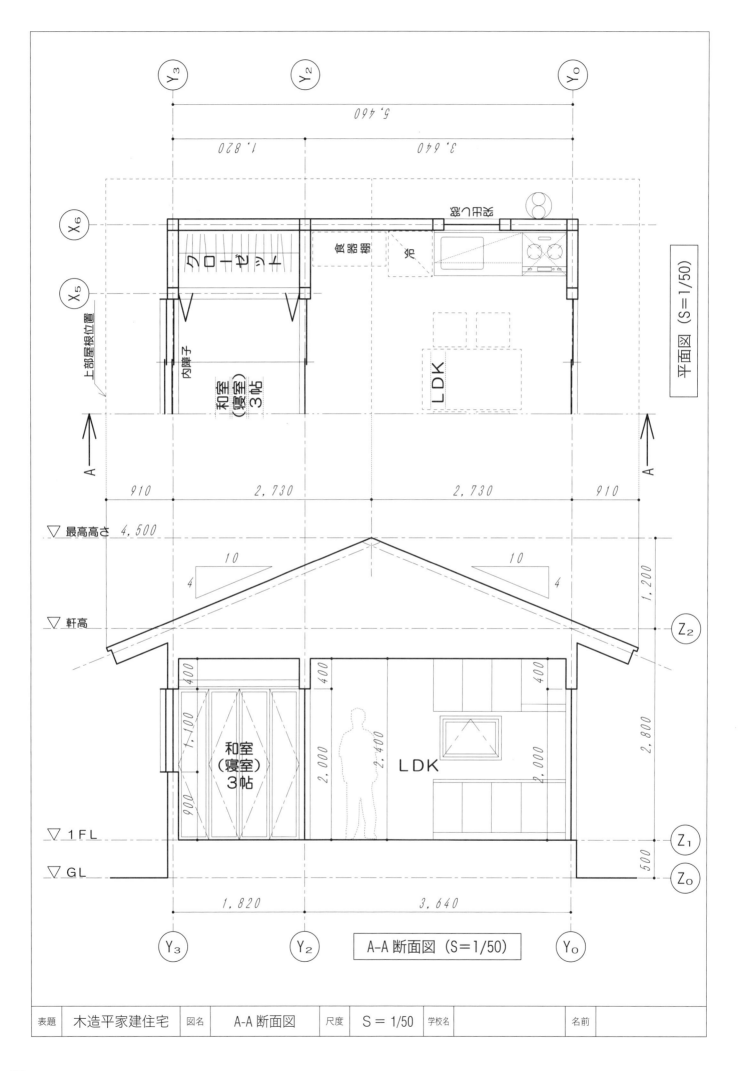

平面図 (S＝1/50)

X6

X5

上部屋根位置

クローゼット

食器棚 冷

内障子

和室
（寝室）
3帖

洗い場器

LDK

Y3 Y2 Y0

5,460

3,640 1,820

910 2,730 2,730 910

A A

▽ 最高高さ 4,500

10 10
4 4

▽ 軒高

Z2

1,200

400 400 400

1,100

和室
（寝室）
3帖

2,000 2,400

LDK

2,000

2,800

900

▽ 1FL

Z1

▽ GL

500

Z0

1,820 3,640

Y3 Y2 A-A 断面図 (S＝1/50) Y0

| 表題 | 木造平家建住宅 | 図名 | A-A 断面図 | 尺度 | S＝1/50 | 学校名 | | 名前 | |

54

①平面図の組立基準線を**極細線**で延長する（Y₀～Y₃）。
②高さの基準線を**極細線**で描く（Z₀：地盤線（GL）、Z₁：1階床高（1FL）、Z₂：軒高（軒桁上端））。
③屋根勾配線（ここでは4/10勾配）を**極細線**で描く〈軒高と外周の組立基準線の交点を起点にする〉。

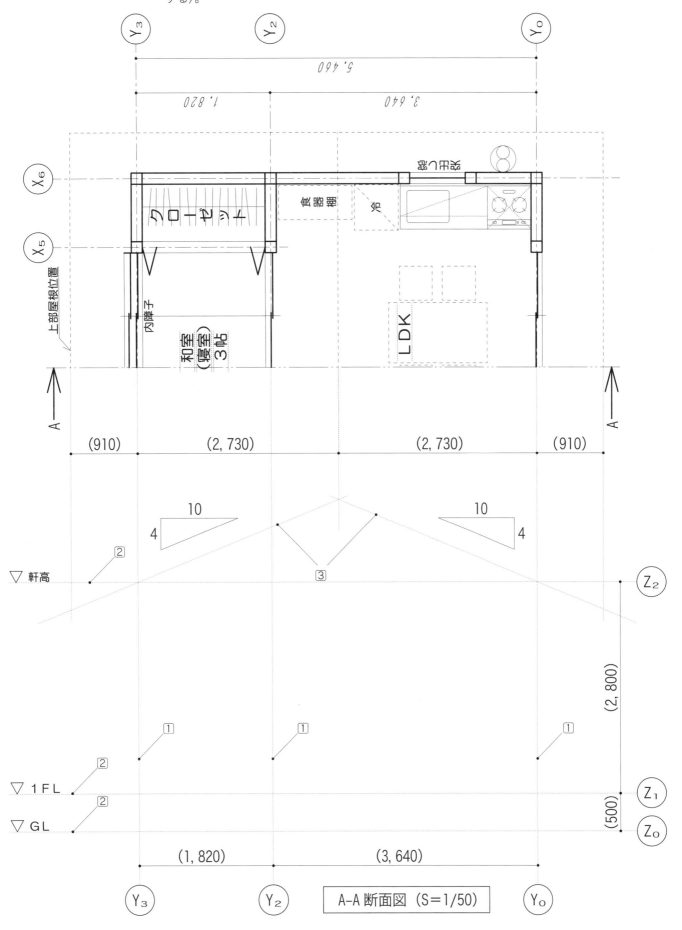

A-A断面図（S＝1/50）

①平面図の壁厚線及び開口部を**極細線**で延長する。
②天井高さ、開口部高さを**極細線**で描く。
③屋根伏せ線を延長し、屋根勾配線に屋根形状を**極細線**で描く（図面数値を目安に）。

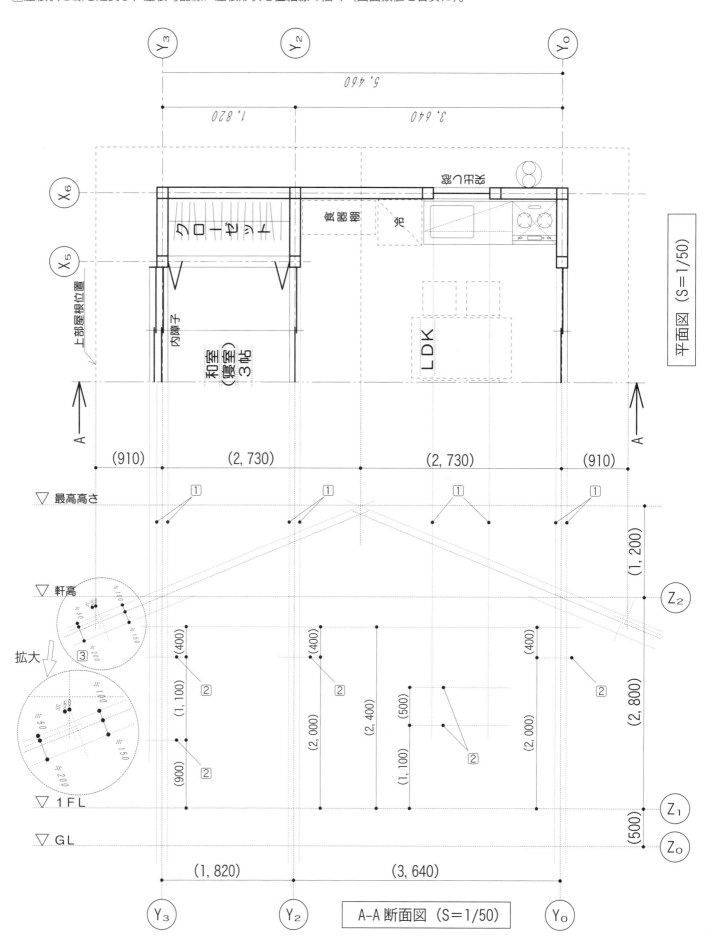

平面図（S＝1/50）

A-A 断面図（S＝1/50）

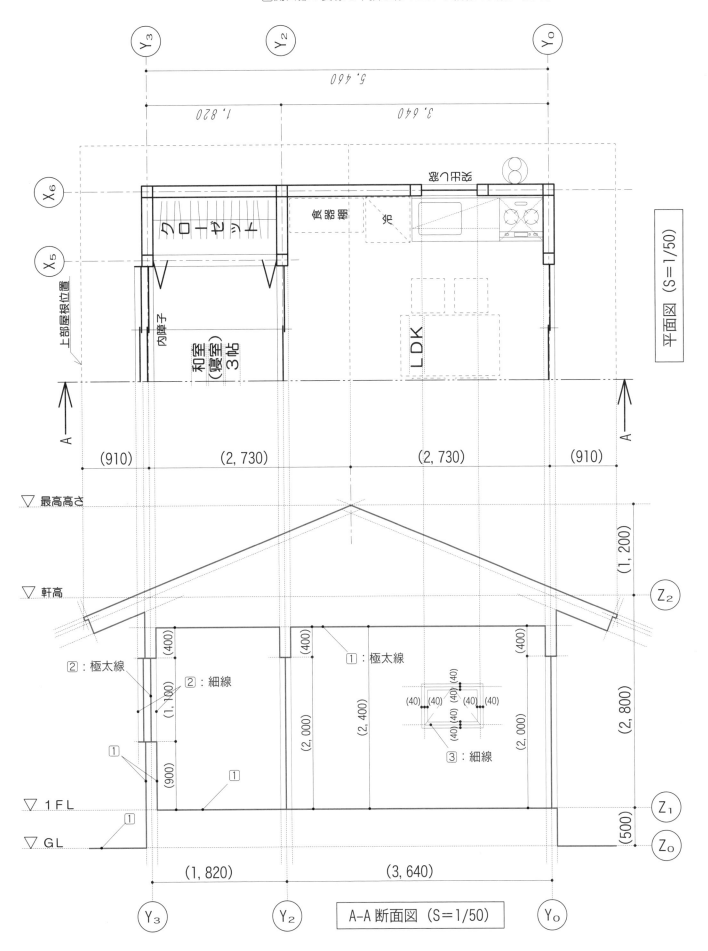

平面図 （S＝1/50）

A-A断面図 （S＝1/50）

①組立基準線、屋根勾配基準線を**極細線**の上から**細線の一点鎖線**で描き、基準記号（Y₀ ～ Y₃、
　Z₀ ～ Z₂）を描く。
②寸法線を**細線の実線**で描き、寸法を書く。
③室内の戸、設備器具、人などの姿図となる下書き線を**極細線**で描き、**細線の実線**で仕上げ線を描く。
④部屋名、屋根勾配記号（**細線の実線**）を描く。

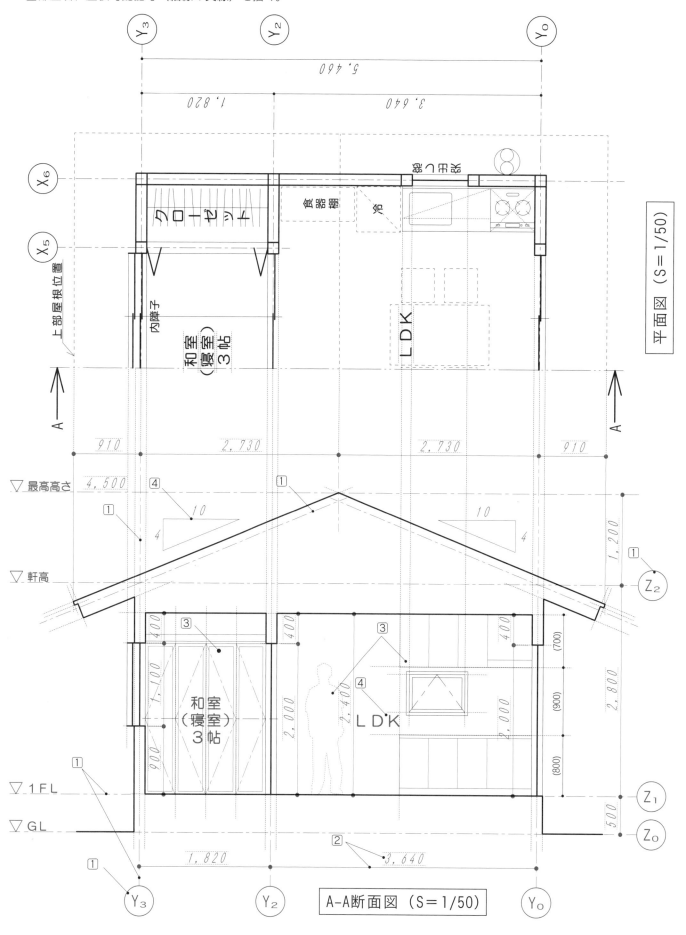

平面図（S＝1/50）

A-A断面図（S＝1/50）

①立面図とは、建築物の外面を指定した方向（東西南北など）から眺めた様子を表した図面です。
②立面図は、ふつう東西南北4面を必要とし、呼び方はその方向によって区別します。
　（例：南側から見たものを**南立面図**と呼びます）
③立面図は原則として、地盤線（グランドライン〈GL〉）を最下として描きます。
④外観で見えるものすべてをそのまま表現するのが原則ですが、施工上重要でない雨樋や他の
　図面などで示されるものは省略することもあります。
⑤外形線は遠近感を出すために**極太線の実線**で作図します。
⑥開口部はメリハリを付けるため、図のように、**極太線の実線**と**細線の実線**を使いわけます。
⑦屋根の仕上げ線は**細線の実線**で作図します。
⑧地盤線〈GL〉は、建築物に安定感をもたせるため、**超極太線の実線**で作図します。
⑨立面図を描く時は、平面図・屋根伏図と断面図を近くに置いて、必要に応じて、平面図・屋
　根伏図及び断面図から線を延長させ、その関連性を確認しながら描きます。

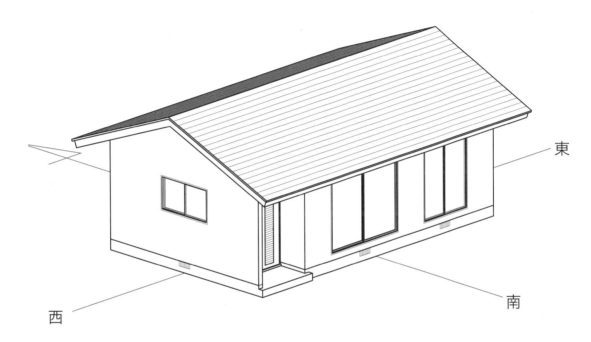

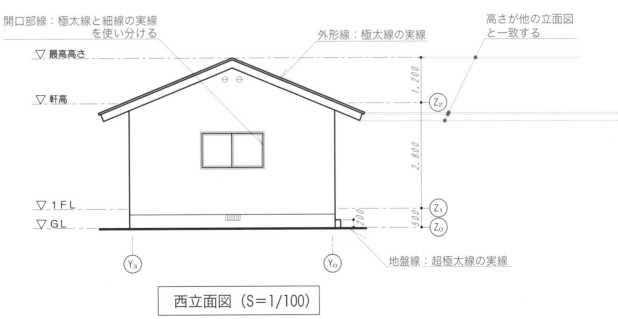

西立面図（S＝1/100）

◎上記に示す立面図は、縮尺1/100です。ここでは、1/100の作図表現で、縮尺1/50
　に拡大した図面を例に作図の練習をし、線の使い分けをしっかり身につけます。

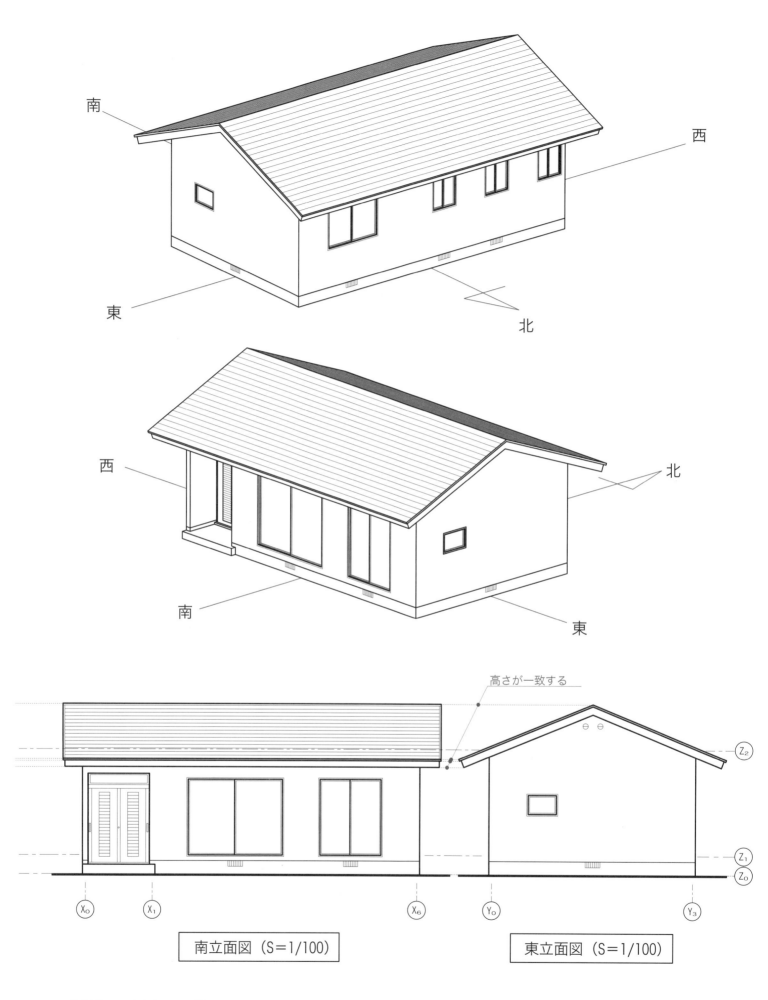

南立面図（S＝1/100）　　　東立面図（S＝1/100）

◎上記に示す立面図は、縮尺1/100です。ここでは、1/100の作図表現で、縮尺1/50
に拡大した図面を例に作図の練習をし、線の使い分けをしっかり身につけます。

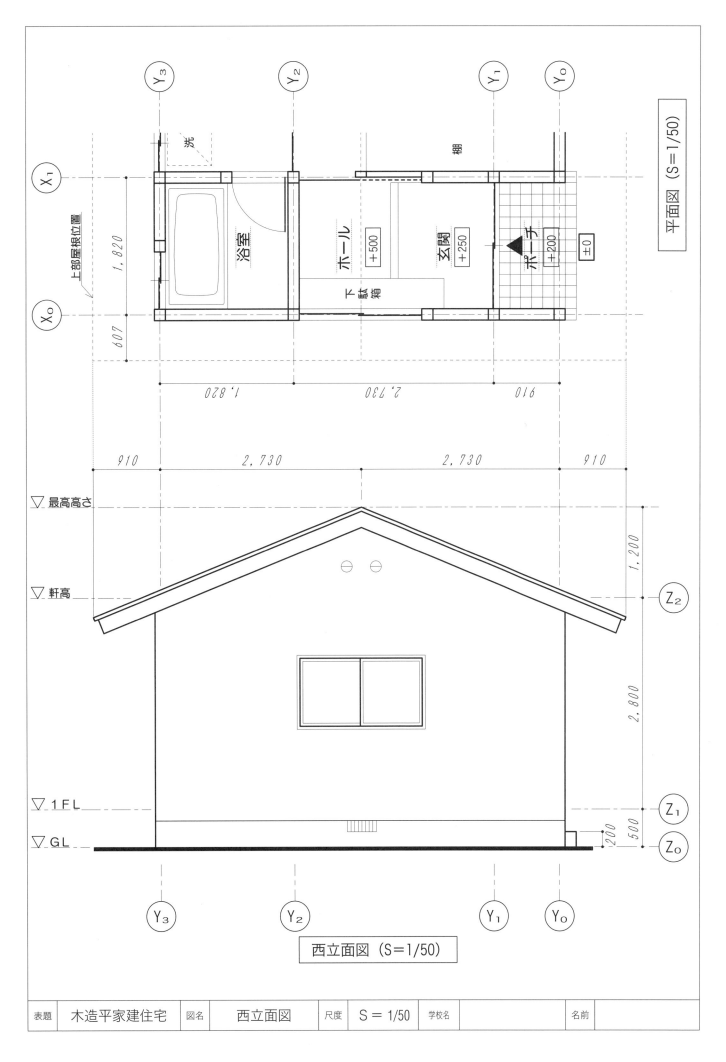

平面図 （S＝1/50）

上部屋根位置

浴室

ホール +500

下駄箱

玄関 +250

棚

ポーチ +200

±0

洗

1,820

607

910

2,730

910

910

2,730

910

1,820

▽ 最高高さ

▽ 軒高

▽ 1FL

▽ GL

1,200

2,800

200

500

西立面図 （S＝1/50）

| 表題 | 木造平家建住宅 | 図名 | 西立面図 | 尺度 | S＝1/50 | 学校名 | | 名前 | |

①平面図の組立基準線を**極細線**で延長する（Y₀〜Y₃）。
②高さの基準線を**極細線**で描く（Z₀：地盤線（GL）、Z₁：1階床高（1FL）、Z₂：軒高（軒桁上端））。
③屋根勾配線（ここでは 4/10 勾配）を**極細線**で描く〈軒高と外周の組立基準線の交点を起点に
する〉。

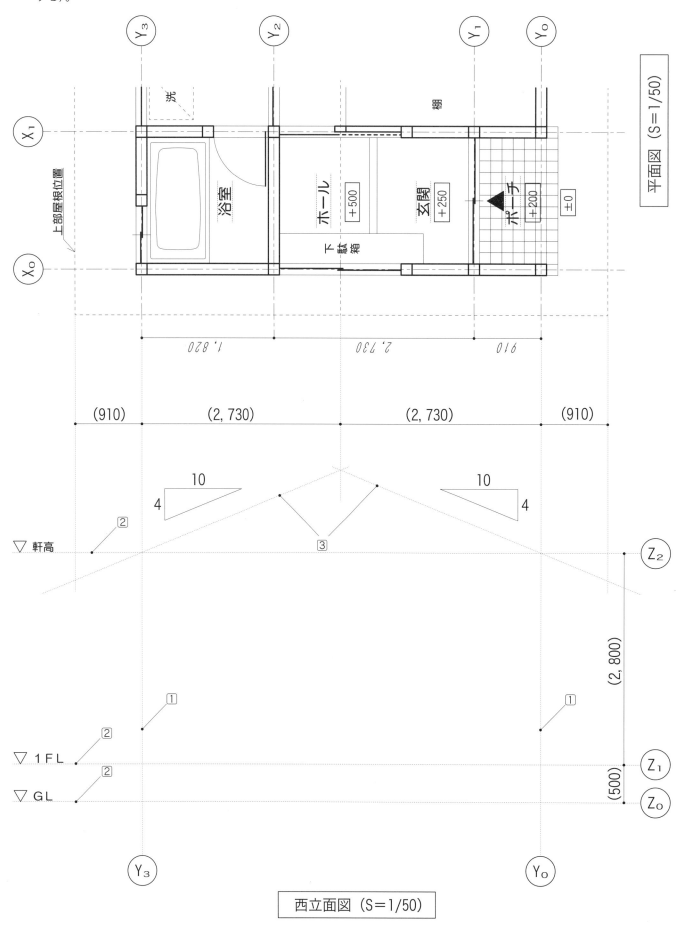

平面図（S=1/50）

西立面図（S=1/50）

① 屋根、壁の下書き線を**極細線**で描く。　③ 基礎と換気口の位置を**極細線**で描く。
② 開口部の位置と高さを**極細線**で描く。　④ 小屋裏換気口の位置の下書き線を**極細線**
　　　　　　　　　　　　　　　　　　　　　で描く。

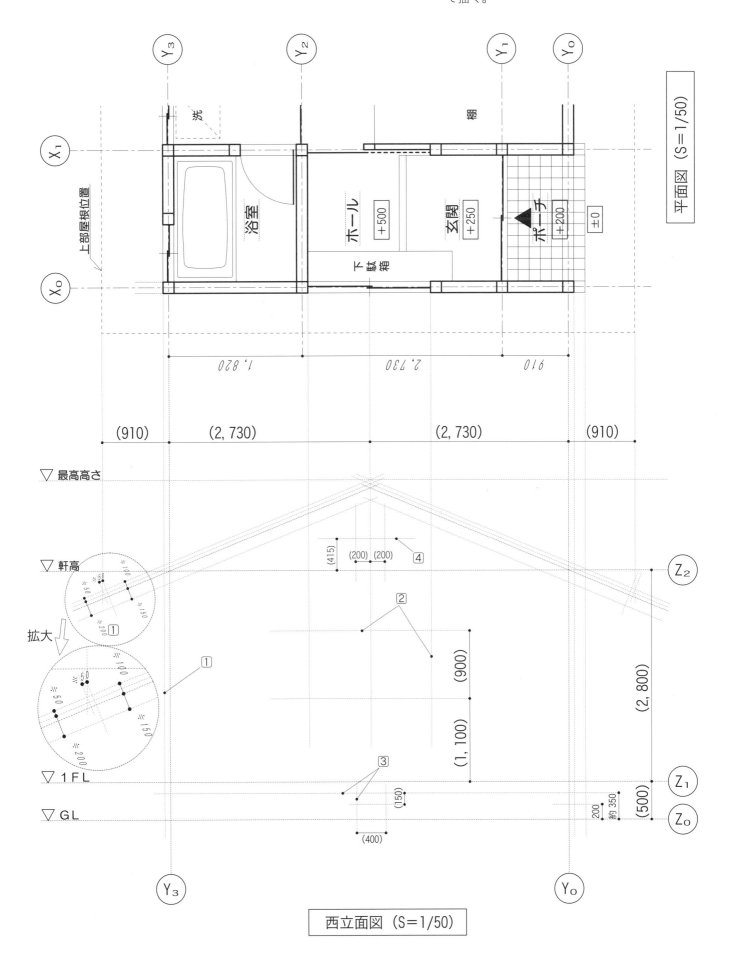

平面図（S＝1/50）

西立面図（S＝1/50）

①組立基準線を**極細線**の上から**細い一点鎖線**で描き、基準記号（Y₀ 〜 Y₃、Z₀ 〜 Z₂）を描く。
②屋根、壁の仕上げ線を**極太線**で描き、GL 線を**超極太線**で描く。
③開口部、基礎、換気口の仕上げ線を描く。
④寸法線を**細線**で描き、寸法を書く。

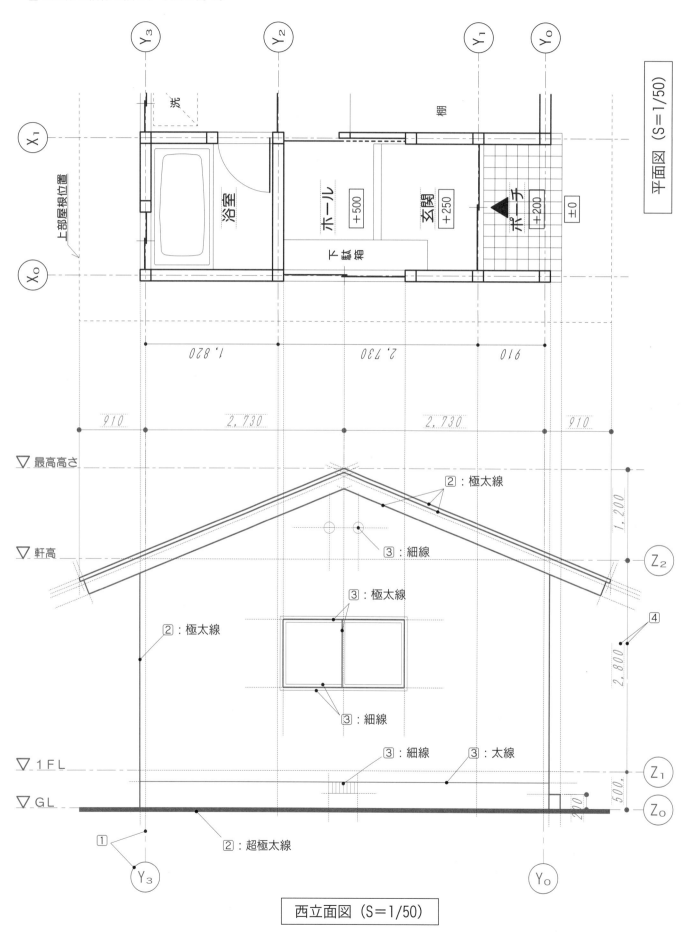

平面図（S＝1/50）

西立面図（S＝1/50）

8 平面詳細図 （縮尺 1/30）・部分詳細図 （縮尺 1/5）

▶平面詳細図

1 平面詳細図とは、平面図の縮尺を上げて詳細に描く図面をいいます。

2 縮尺は、一般的に、1/20 ～ 1/50 程度を用います。書き込む用紙のサイズや建築物の規模にもよりますが、できるだけ縮尺を上げて見やすいように表現します。

3 柱は、構造材と化粧材で区別し、間柱も明記します。

- 構造材（壁で隠れて見えなくなる柱）の表現： 極太線／細線

- 化粧材（壁で隠れない真壁柱）の表現： 極太線／細線

4 壁は、仕上材に厚みを持たして表現し、開口部は額縁などの枠も表現します。

▶部分詳細図

1 部分詳細図とは、ディテールともいい、平面詳細図を更に詳細に描いた図面のことで、表したい部分のみを作図します。

2 縮尺は、一般的に、1/10 ～ 1/5 程度を用い、細かい寸法や使われている材料名称などもはっきり明記します。

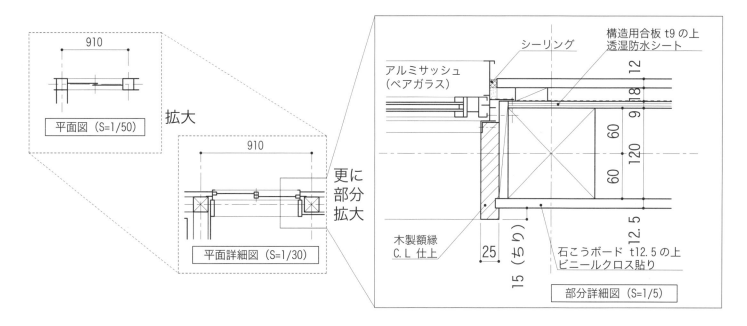

平面図（S=1/50）

拡大

平面詳細図（S=1/30）

更に部分拡大

シーリング
構造用合板 t9 の上
透湿防水シート
アルミサッシュ
（ペアガラス）
木製額縁
C.L 仕上
石こうボード t12.5 の上
ビニールクロス貼り
部分詳細図（S=1/5）

※以上のように図面は、縮尺が大きくなるほど詳細に示すことができる。

▼片開戸（壁：大壁）の場合

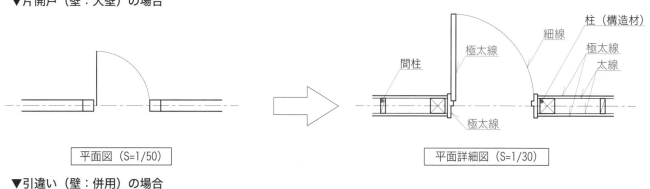

平面図（S=1/50）

平面詳細図（S=1/30）

柱（構造材）
細線
極太線
太線
間柱
極太線
極太線

▼引違い（壁：併用）の場合

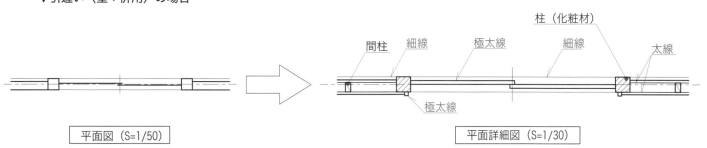

平面図（S=1/50）

平面詳細図（S=1/30）

柱（化粧材）
間柱
細線
極太線
細線
太線
極太線

◎平面詳細図・部分詳細図の、演習課題及び作図手順は折図 5 ～ 12 を参照してください。

①矩計図とは、**かなばかり図**と読み、建築物を指定したところで鉛直に切断し、切断方向を詳細に表した図面で、縮尺は、一般に 1/20 〜 1/30 などを用います。

②矩計図に記入する要素は、**各部の高さ**、**屋根勾配**、**軒の出**、**室名**、**基準記号**、**基礎・床・天井・壁・屋根・軒の仕上材の名称と寸法**、**図名**、**縮尺**などがあります。

③通常は建築物全体を描くのではなく、外壁から 1 〜 2m 程度の範囲を描きます。

④断面線となる地盤線（GL）、基礎、土台、根太、外壁の仕上線、床、壁、天井、軒桁、屋根、母屋などは**極太線の実線**で描きます。ただし、線の間隔が狭く重なってしまう部分については、線の太さを調整します（下図の赤線は、**極太線**を示します）。

⑤姿線となる大引、束、野縁受、小屋梁、小屋束などは**細線の実線**で描きます。

⑥中心線、基準線などは、**細線の一点鎖線**で描きます。

⑦寸法線・寸法補助線・引出し線・ハッチングなどは、**細線の実線**で描きます。

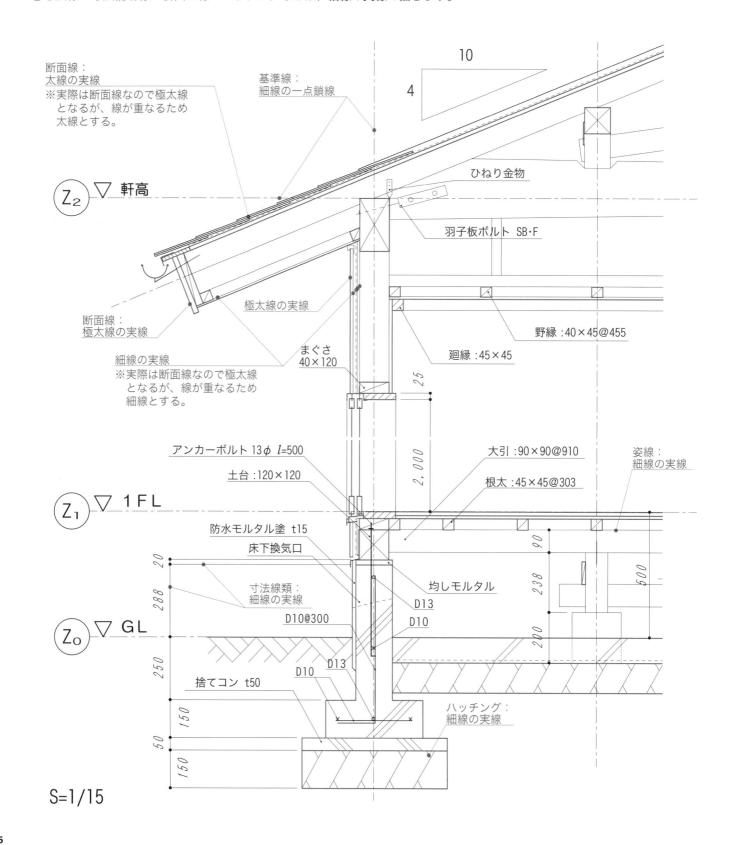

断面線：
太線の実線
※実際は断面線なので極太線となるが、線が重なるため太線とする。

基準線：
細線の一点鎖線

10
4

ひねり金物

Z₂ ▽ 軒高

羽子板ボルト SB・F

極太線の実線

野縁：40×45@455

断面線：
極太線の実線

廻縁：45×45

細線の実線
※実際は断面線なので極太線となるが、線が重なるため細線とする。

まぐさ
40×120

25

アンカーボルト 13φ l=500

大引：90×90@910

姿線：
細線の実線

2,000

土台：120×120

根太：45×45@303

Z₁ ▽ 1 F L

防水モルタル塗 t15

床下換気口

90

20

均しモルタル

238

寸法線類：
細線の実線

D13

500

288

D10@300

D10

Z₀ ▽ GL

200

250

捨てコン t50

D13

D10

150

ハッチング：
細線の実線

50

150

S=1/15

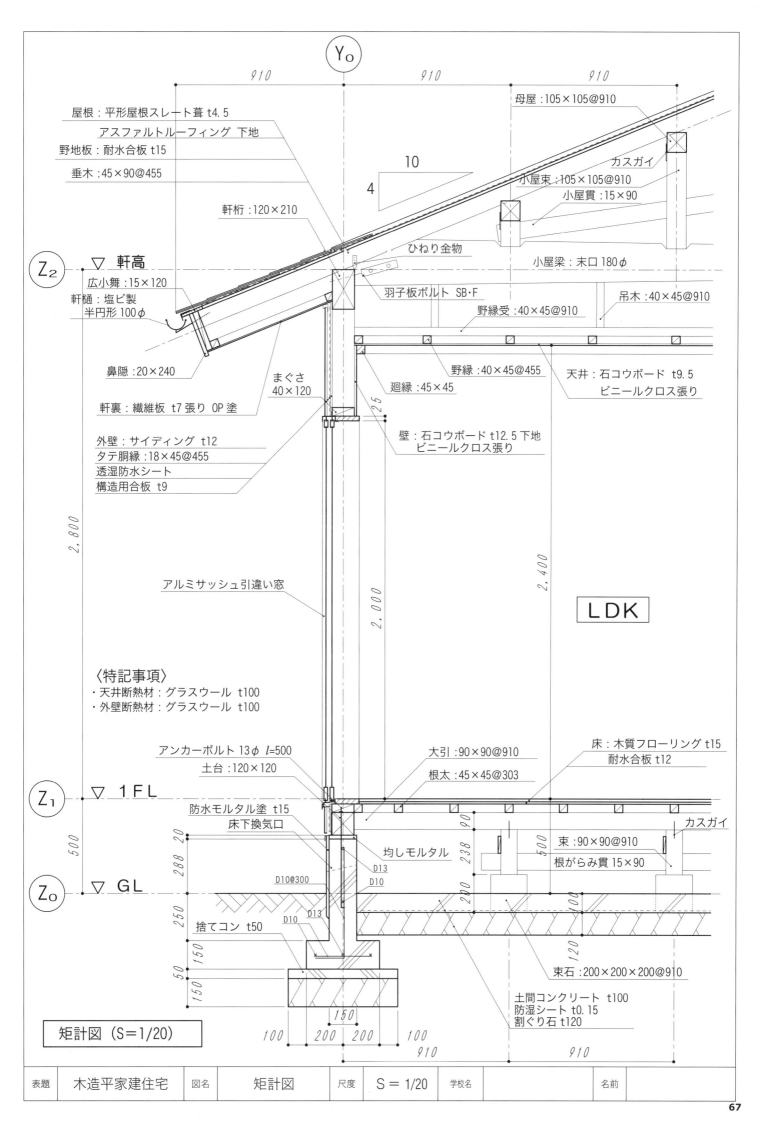

矩計図（S＝1/20）

| 表題 | 木造平家建住宅 | 図名 | 矩計図 | 尺度 | S＝1/20 | 学校名 | | 名前 | |

屋根：平形屋根スレート葺 t4.5
アスファルトルーフィング 下地
野地板：耐水合板 t15
垂木：45×90@455

母屋：105×105@910
カスガイ
小屋束：105×105@910
小屋貫：15×90

軒桁：120×210

10
4

ひねり金物

小屋梁：末口 180φ

Z₂ ▽ 軒高

羽子板ボルト SB・F

吊木：40×45@910

広小舞：15×120
軒樋：塩ビ製
半円形100φ

野縁受：40×45@910

鼻隠：20×240

まぐさ
40×120

野縁：40×45@455
廻縁：45×45

天井：石コウボード t9.5
ビニールクロス張り

軒裏：繊維板 t7 張り OP 塗

壁：石コウボード t12.5 下地
ビニールクロス張り

外壁：サイディング t12
タテ胴縁：18×45@455
透湿防水シート
構造用合板 t9

アルミサッシュ引違い窓

2,800

2,000

2,400

LDK

〈特記事項〉
・天井断熱材：グラスウール t100
・外壁断熱材：グラスウール t100

アンカーボルト 13φ l=500
土台：120×120

大引：90×90@910
根太：45×45@303

床：木質フローリング t15
耐水合板 t12

Z₁ ▽ 1FL

防水モルタル塗 t15
床下換気口

カスガイ

均しモルタル

束：90×90@910
根がらみ貫 15×90

500

288 20

D13
D10@300
D10

238 90
200

500
100

Z₀ ▽ GL

250

D10
D13

捨てコン t50

束石：200×200×200@910

50
150
150

土間コンクリート t100
防湿シート t0.15
割ぐり石 t120

150

100 200 200 100

910

910

作図手順 1

①レイアウトを決め、組立て基準線を**極細線**で描く（$Z_0 \sim Z_2$、Y_0）。
②屋根の勾配線及び軒の出線、束の間隔線（910ピッチ）を**極細線**で描く。
③開口部の高さを**極細線**で描く。
④根太の間隔（303ピッチ）を**極細線**で描く。
⑤野縁の間隔（455ピッチ）を**極細線**で描く。

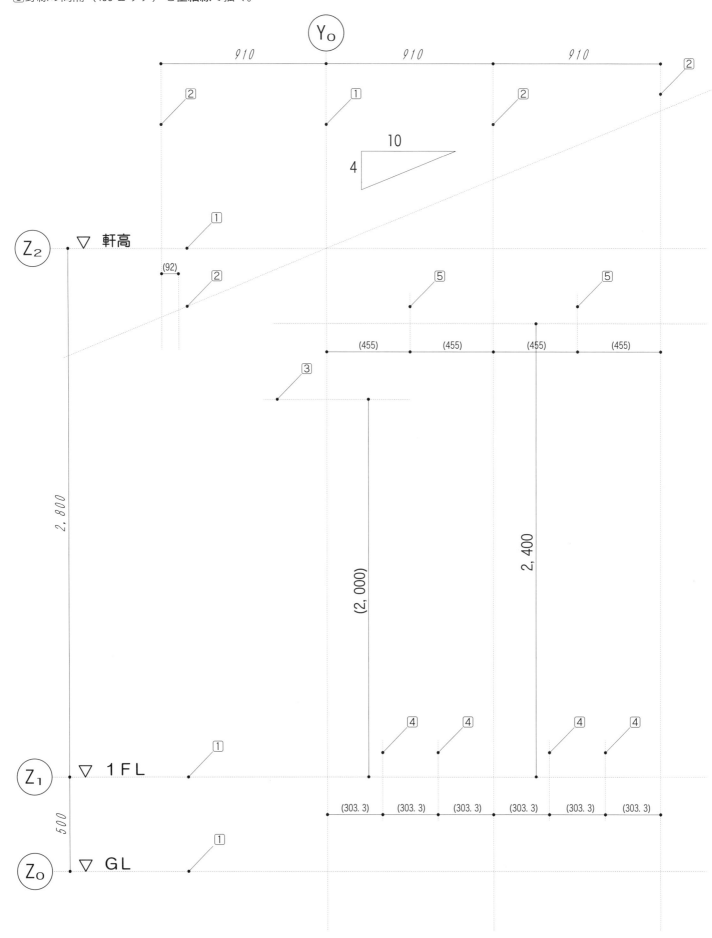

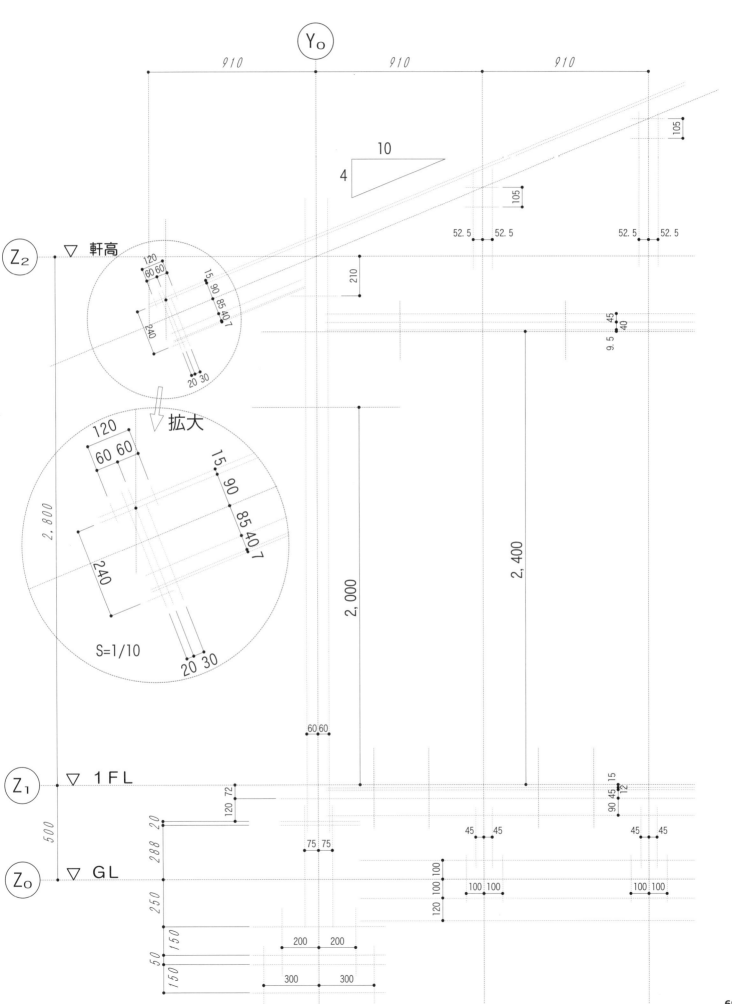

S=1/10

作図手順3

①各部位の下書き線の上から仕上線として、切断線は**極太線**、**太線**など、姿線は**細線**で描く。

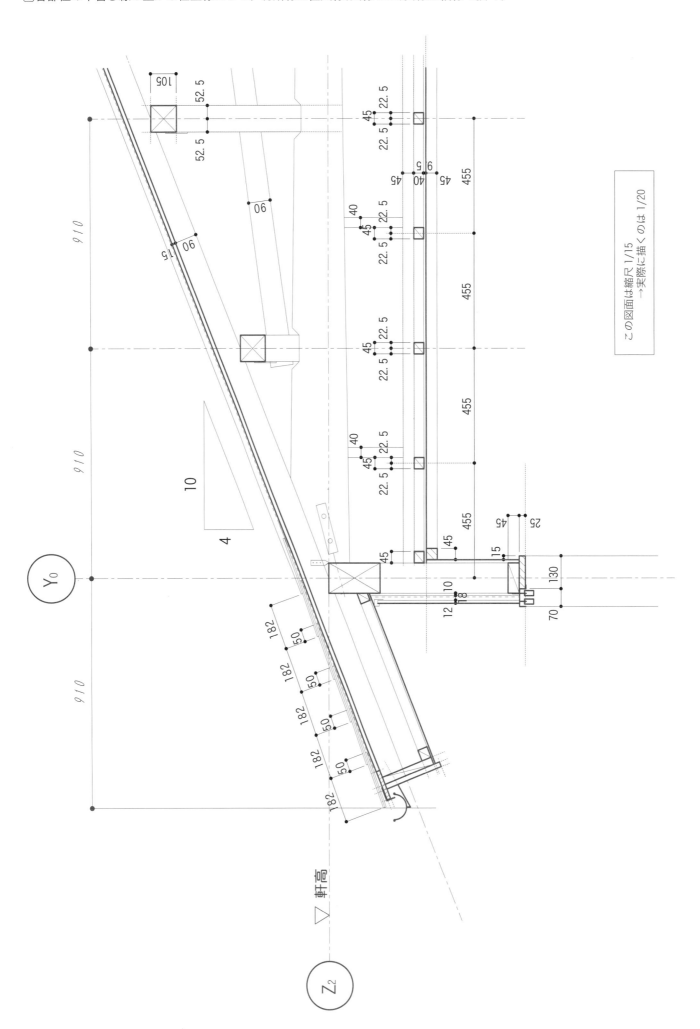

①各部位の下書き線の上から仕上線として、切断線は**極太線**、**太線**など、姿線は**細線**で描きます。

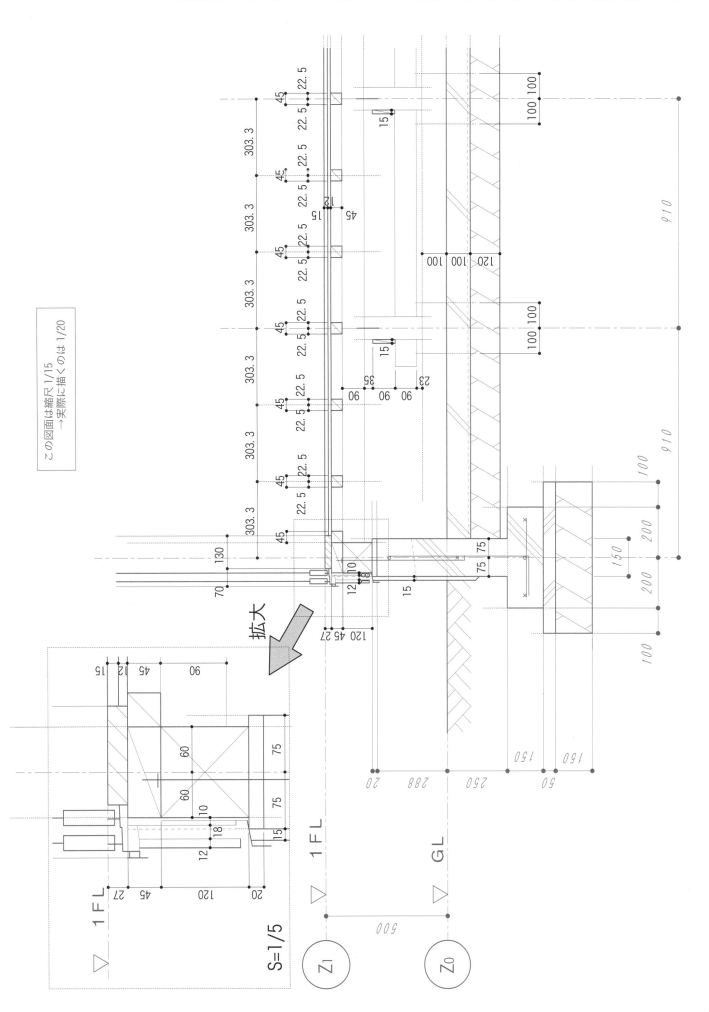

この図面は縮尺 1/15
→実際に描くのは 1/20

拡大

S=1/5

▽ 1FL

▽ 1FL

▽ GL

Z₁

Z₀

◆写真を見ながら矩計図を理解しよう〈軒先まわり〉

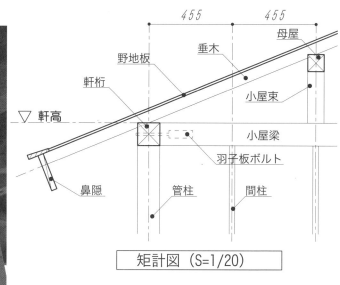

野地板　垂木　小屋束

軒桁　小屋梁

火打梁

鼻隠　管柱

間柱

455　455

母屋

垂木

野地板

軒桁

小屋束

▽ 軒高

羽子板ボルト

小屋梁

鼻隠　管柱　間柱

矩計図（S=1/20）

※左写真は工事途中のため、仕上は不明。よって
上記の矩計図でも仕上は明記していない。

▶ 切妻屋根＋軒天が水平の例

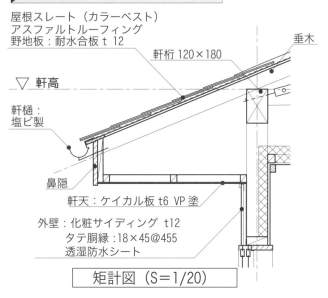

屋根スレート（カラーベスト）
アスファルトルーフィング
野地板：耐水合板 t12

垂木

軒桁 120×180

▽ 軒高

軒樋：
塩ビ製

鼻隠

軒天：ケイカル板 t6 VP 塗

外壁：化粧サイディング t12
タテ胴縁：18×45@455
透湿防水シート

矩計図（S＝1/20）

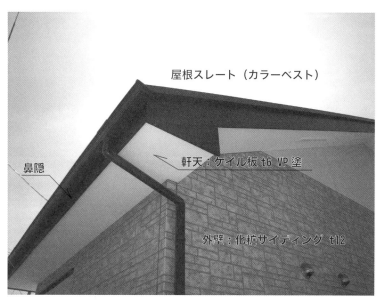

屋根スレート（カラーベスト）

鼻隠

軒天：ケイル板 t6 VP 塗

外壁：化粧サイディング t12

▶ 切妻屋根＋軒天が勾配の例

屋根：日本瓦葺き

鼻隠・破風：アクリルリシン吹付

軒天：アクリルリシン吹付

外壁：アクリルリシン吹付

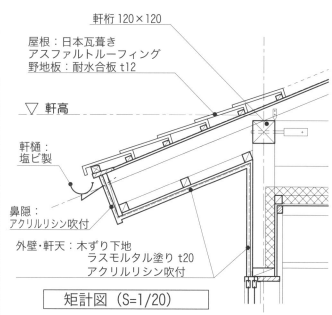

軒桁 120×120

屋根：日本瓦葺き
アスファルトルーフィング
野地板：耐水合板 t12

▽ 軒高

軒樋：
塩ビ製

鼻隠：
アクリルリシン吹付

外壁・軒天：木ずり下地
ラスモルタル塗り t20
アクリルリシン吹付

矩計図（S=1/20）

◆写真を見ながら矩計図を理解しよう〈布基礎まわり〉

※木造の基礎は**布基礎**と**ベタ基礎**に大別されます。
本書で扱っている矩形図は**布基礎**を例に練習します。

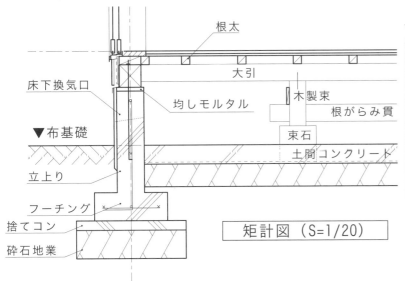

矩計図（S=1/20）

▼ 砕石地業・捨てコンの例

▼ 布基礎の配筋例　　　　　　　　　　▼ 床下地の例

▼ 床下換気口の施工例　　　　　　　　▼ 床下換気口の完成例

◆写真を見ながら矩計図を理解しよう〈ベタ基礎まわり〉

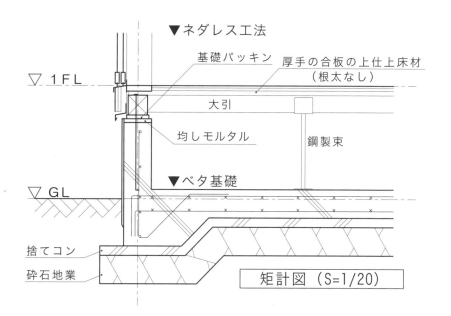

▼ ネダレス工法
基礎パッキン
厚手の合板の上仕上床材（根太なし）
▽ 1FL
大引
均しモルタル
鋼製束
▽ GL
▼ ベタ基礎
捨てコン
砕石地業

矩計図（S=1/20）

※本章で扱っている矩計図は、前頁のような、従来までの**布基礎**を例にして作図練習をしています。最近では、左図のように、地震に強い**ベタ基礎**を採用する機会が増えています。
また、床束は、木製のものから、鋼製やプラスティック製のものに、床下換気口は、基礎パッキンに代わりつつあります。その場合、床下換気口は、外からは見えなくなり、立面図に描く必要がなくなります。
床は**根太**を省略し、厚い床板を張る**ネダレス工法**が多く採用されています。
これらは、「第4章 木造2階建図面の描き方」（P.103～）で扱います。

▼ ベタ基礎の配筋例

▼ 鋼製束の例

大引
鋼製束

▼ 基礎パッキンによる床下換気の施工例

スクリューワッシャー
基礎パッキン

▼ ネダレス工法の例

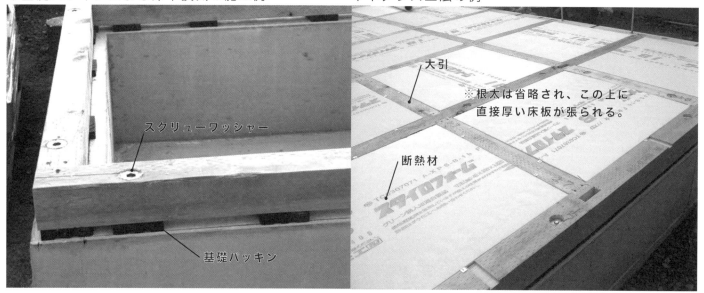

大引
※根太は省略され、この上に直接厚い床板が張られる。
断熱材

◆写真を見ながら矩計図を理解しよう〈その他〉

▼ひねり金物などの例

野地板
ひねり金物
軒桁
垂木

▼小屋まわりの例

母屋
垂木
小屋束
火打梁
羽子板ボルト

▼天井下地の例

野縁受
野縁
吊木

▼軒先まわりの例

垂木
鼻隠

▼筋違い金物などの例

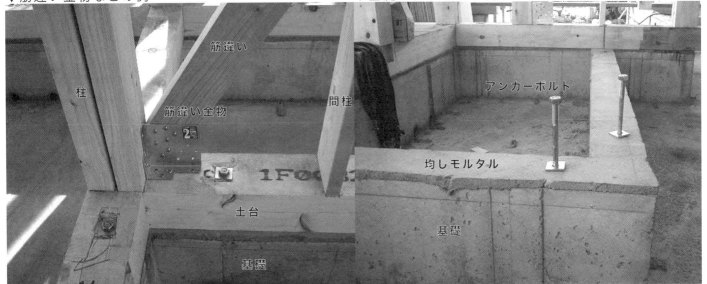

柱
筋違い
筋違い金物
間柱
土台
基礎

▼基礎まわりなどの例

アンカーボルト
均しモルタル
基礎

①基礎伏図とは、建築物の基礎形状を平面的に表した図面です。
②木造の場合、基礎には、通常、**布基礎**と**ベタ基礎**の2種類があります。
　ここでは、最も基本となる**布基礎**についての作図方法を学びます。
③基礎伏図に示すものには、ふつう布基礎本体、独立基礎、束石、土間コンクリート、アンカーボルトの位置、床下換気口、通気口などがあります。
④布基礎の立上りは**太線の実線**、フーチングは**細線の実線**で描きます。
⑤**束石**は**太線の実線**で□で描きます。
⑥**土間コンクリート**は**細線の実線**で斜め**3本線**で描きます。
⑦**アンカーボルト**の位置は•で描きます。
⑧**柱**の位置は×で描きます。

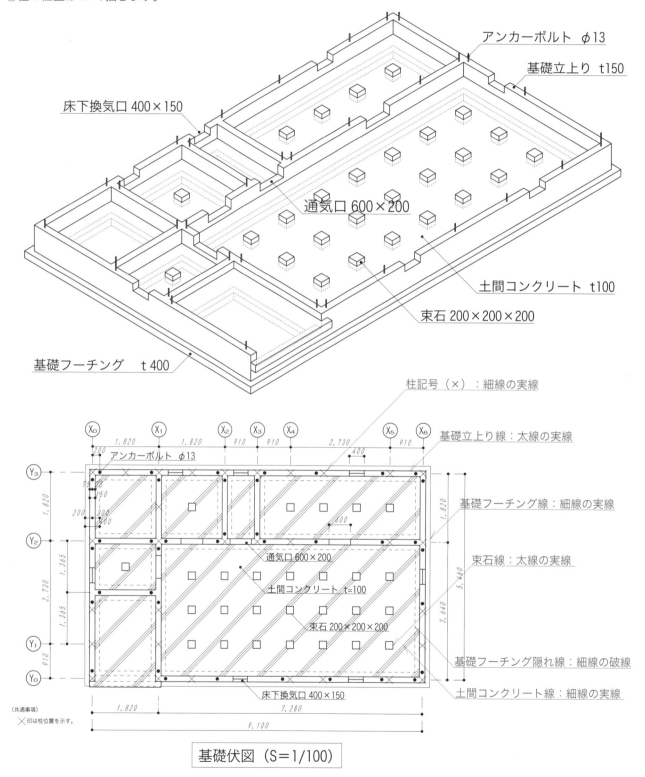

基礎伏図（S＝1/100）

◎上記に示す基礎伏図は、縮尺1/100 です。ここでは、1/100 の作図表現で、縮尺1/50 に拡大した図面を例に作図の練習をし、線の使い分けをしっかり身につけます。

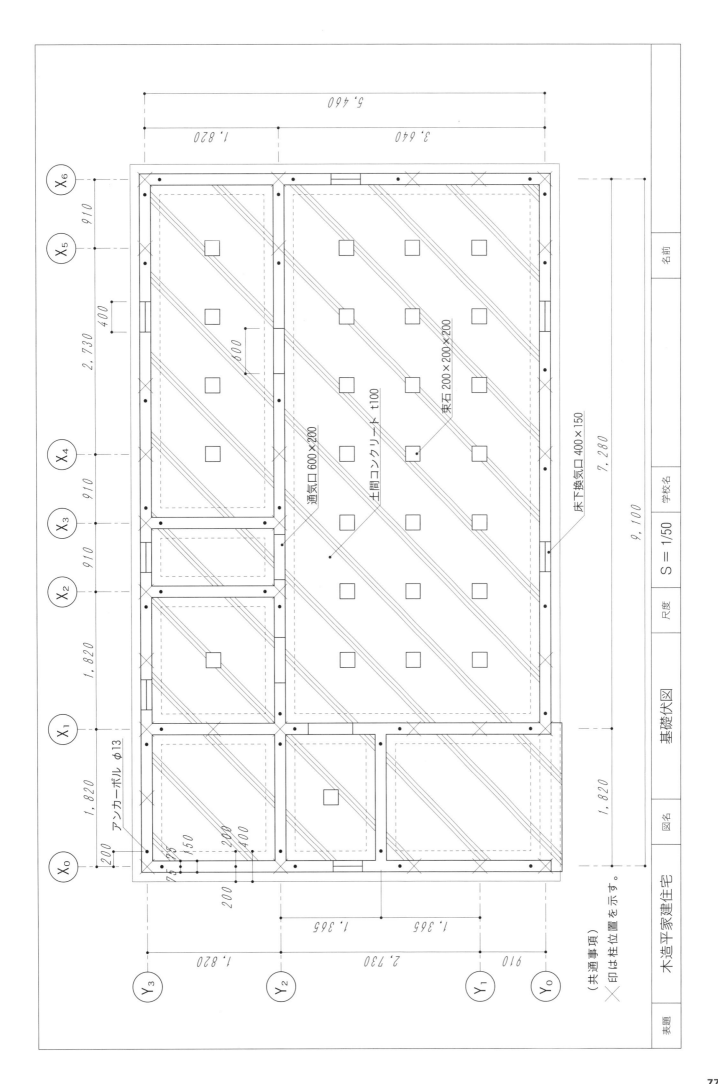

基礎伏図

木造平家建住宅

（共通事項）
×印は柱位置を示す。

アンカーボルト φ13

通気口 600×200

土間コンクリート t100

束石 200×200×200

床下換気口 400×150

表題　木造平家建住宅　図名　基礎伏図　尺度　S=1/50　学校名　名前

77

作図手順1

①外周部の下書き線を全体のレイアウト（配置）を考慮しながら、**極細線**で描く。

②内部の下書き線を**極細線**で910mm間隔に均等割りして描く。

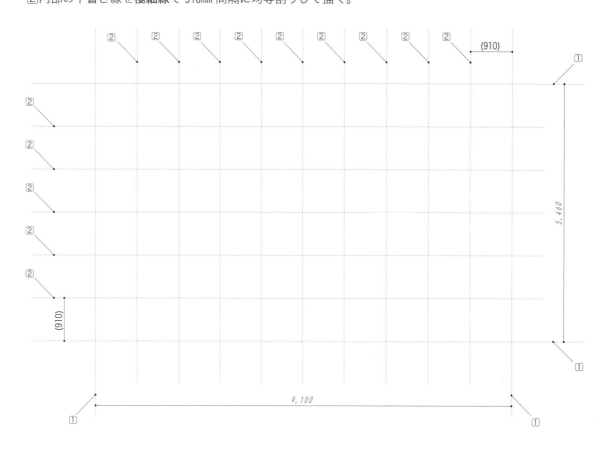

作図手順2

①布基礎の立上がり部分（厚さは150（＝75＋75）とする）とフーチング部分（厚さは400（＝200＋200）とする）の下書き線を**極細線**で描く。

②床下換気口（幅400とする）と通気口（幅600とする）の下書き線を**極細線**で描く。

ポイント 下書き線は、縦と横の線が交差するように実際の長さより長めに引く。

拡大

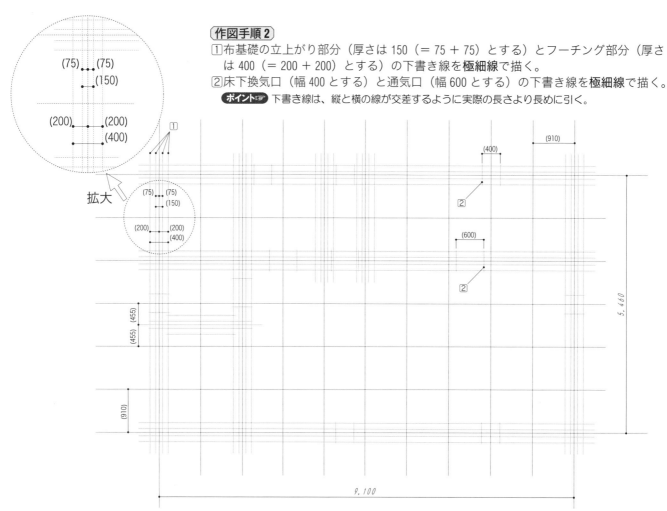

①布基礎の立上がり部分を下書き線の上から**太線の実線**で描く。

②布基礎のフーチング部分を下書き線の上から**細線の実線**で描く。

③床下換気口（幅400とする）と通気口（幅600とする）の下書き線の上から**太線の実線**で描く。

④土間コンクリートとなる箇所は、下書き線の上から細線の破線で描き、**3本細線**の実線の記号で示す。

⑤束石（□）を**太線の実線**で描く。

⑥アンカーボルトを書き込む（柱心から200mm離れた位置に配置）。

⑦柱位置（×）を**細線の実線**で書き込む。

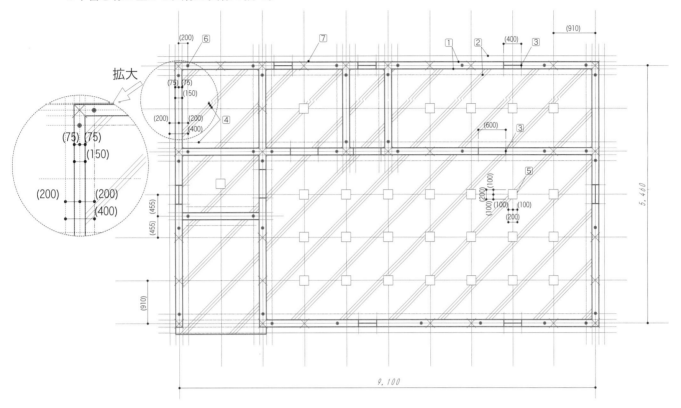

作図手順4

①通り芯を**細線の一点鎖線**で描く。

②寸法線を**細線の実線**で描く。

③下書き線を**極細線**で描いた後、寸法値を描く。

④各部材名称を引出し線と共に描く。

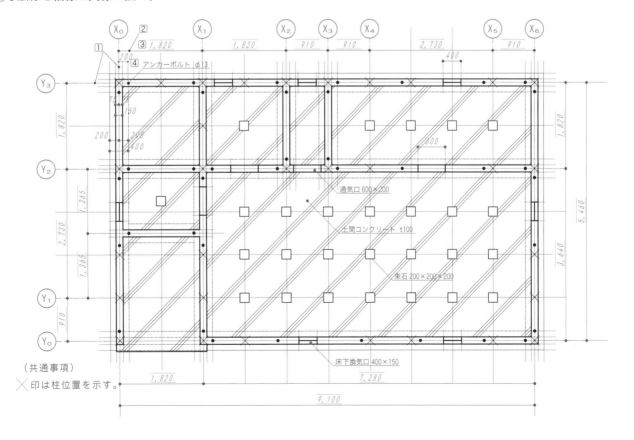

（共通事項）

×印は柱位置を示す。

①床伏図とは、建築物の床に使われている構造部材の形状や配置を平面的に表した図面です。
②床伏図に示すものには、ふつう土台、火打ち土台、大引、根太、根太掛、きわ根太などがあ
　ります。また、柱と床束の位置や筋かいの種類も示す必要があります。
③柱は、**細線の実線 ×** で描きます。床束は、**細線の実線○**で描きます。
④土台、火打ち土台、大引を、厚さを考慮して、**太線の実線**で描きます。
⑤根太、きわ根太、根太掛を単線で、**太線の実線**で描きます。
⑥筋かい記号を細線の実線で描きます。

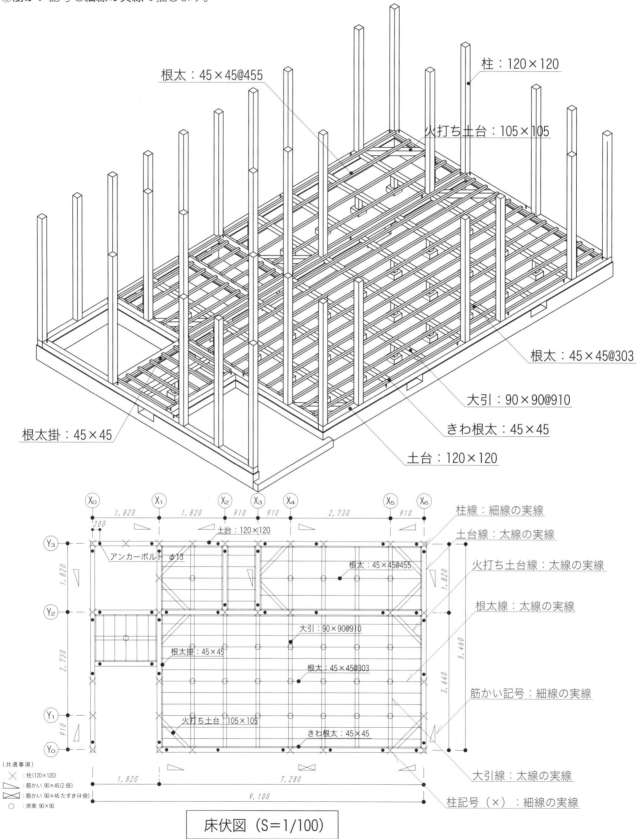

根太：45×45@455
柱：120×120
火打ち土台：105×105
根太：45×45@303
大引：90×90@910
きわ根太：45×45
根太掛：45×45
土台：120×120

柱線：細線の実線
土台線：太線の実線
火打ち土台線：太線の実線
根太線：太線の実線
筋かい記号：細線の実線
大引線：太線の実線
柱記号（×）：細線の実線

アンカーボルト　φ13
土台：120×120
根太：45×45@455
大引：90×90@910
根太掛：45×45
根太：45×45@303
火打ち土台：105×105
きわ根太：45×45

（共通事項）
×：柱(120×120)
／：筋かい 90×45(2倍)
▷◁：筋かい 90×45たすき(4倍)
○：床束 90×90

床伏図（S＝1/100）

◎上記に示す床伏図は、縮尺1/100です。ここでは、1/100の作図表現で、縮尺1/50
　に拡大した図面を例に作図の練習をし、線の使い分けをしっかり身につけます。

▶床組の簡単な流れ

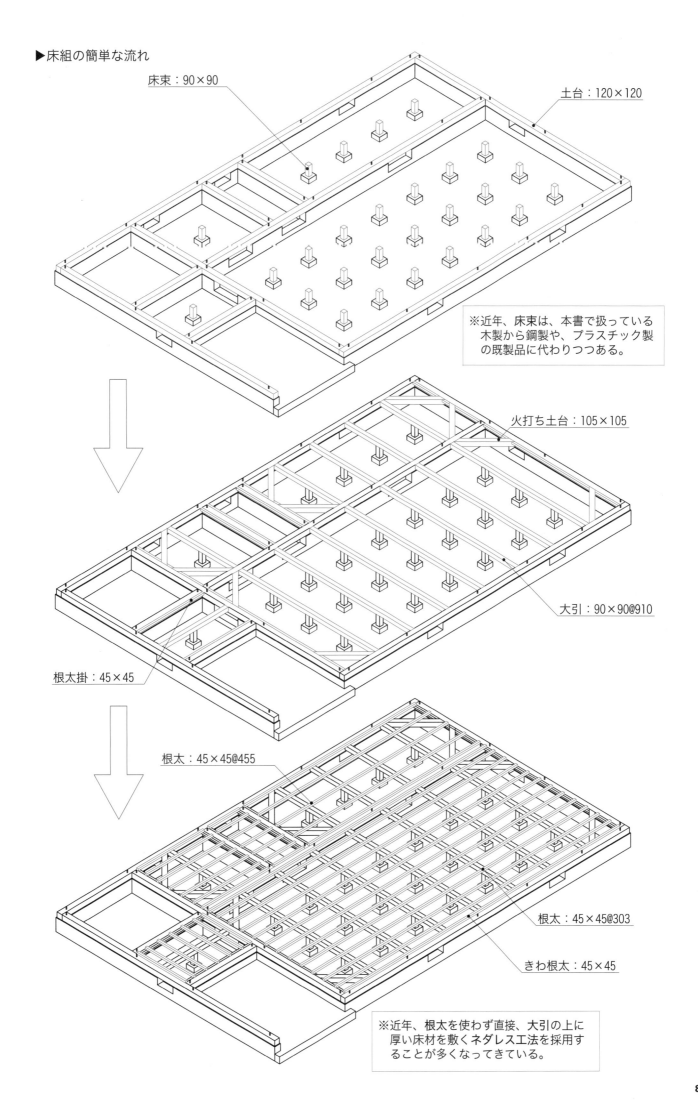

床束：90×90

土台：120×120

※近年、床束は、本書で扱っている
木製から鋼製や、プラスチック製
の既製品に代わりつつある。

火打ち土台：105×105

大引：90×90@910

根太掛：45×45

根太：45×45@455

根太：45×45@303

きわ根太：45×45

※近年、根太を使わず直接、大引の上に
厚い床材を敷くネダレス工法を採用す
ることが多くなってきている。

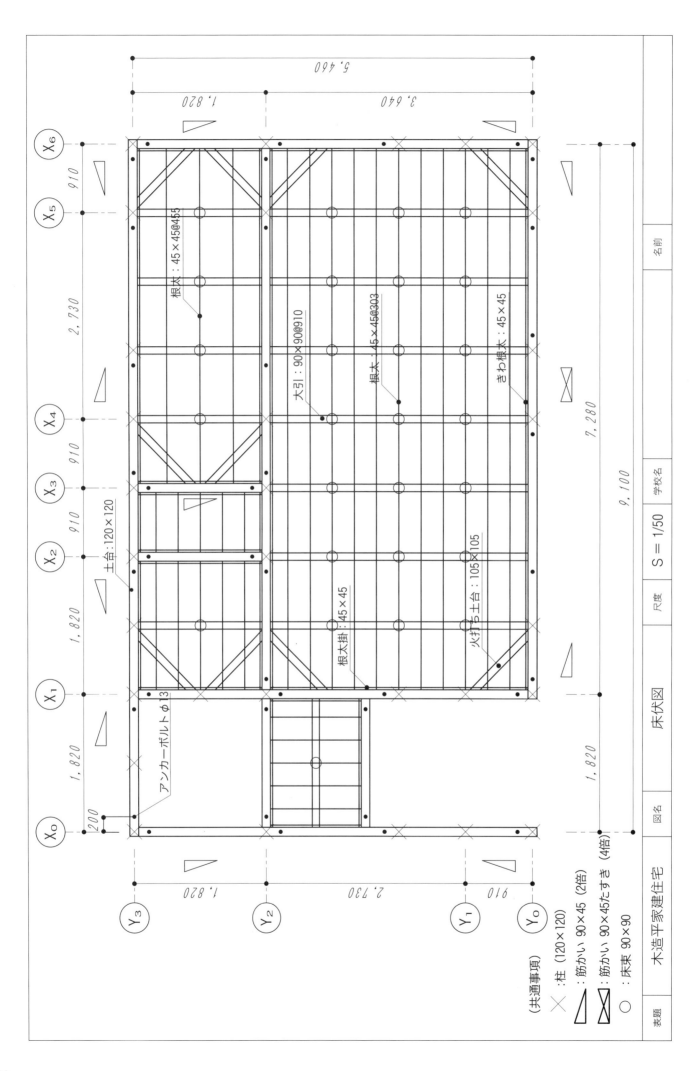

床伏図

木造平家建住宅

表題　図名　床伏図

尺度　S = 1/50　学校名

名前

(共通事項)
× : 柱 (120×120)
△ : 筋かい 90×45 (2倍)
⊠ : 筋かい 90×45たすき (4倍)
○ : 床束 90×90

根太 : 45×45@455
大引 : 90×90@910
根太 : 45×45@303
きわ根太 : 45×45
根太掛 : 45×45
火打ち土台 : 105×105
土台 : 120×120
アンカーボルト φ13

5,460
1,820　3,640
910　2,730　910　910　1,820
7,280
9,100
200

1,820　2,730　910

作図手順1

①外周部の下書き線を全体のレイアウト（配置）を考慮しながら、**極細線**で描く。

②内部の下書き線を**極細線**で910mm間隔に均等割りして描く（一部に455mm間隔あり）。

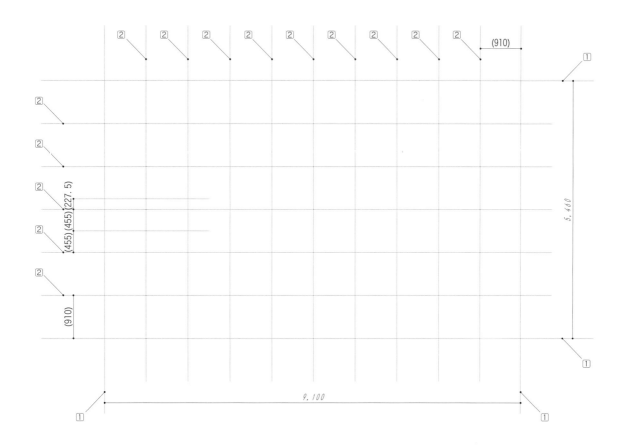

作図手順2

①土台の下書き線を**極細線**で描く（厚さは120（＝60＋60）とする）。

ポイント 下書き線は、縦と横の線が交差するように実際の長さより長めに引く。

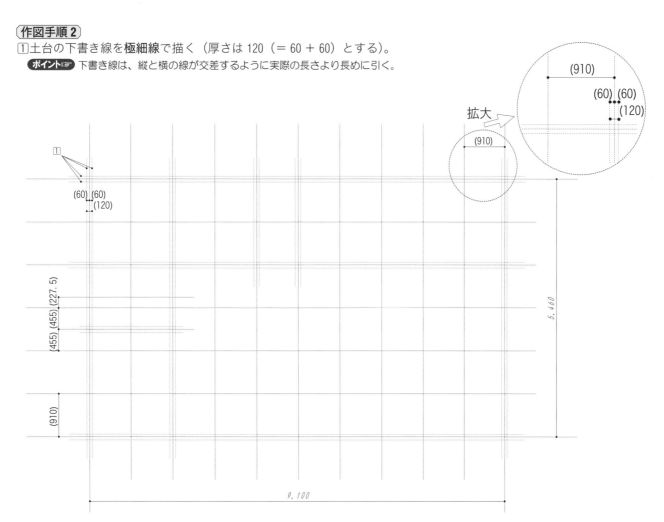

1下書き線の上から土台を太線の実線で描く。
2柱記号（×）を細線の実線で描く。
3アンカーボルト記号（•）を描く。

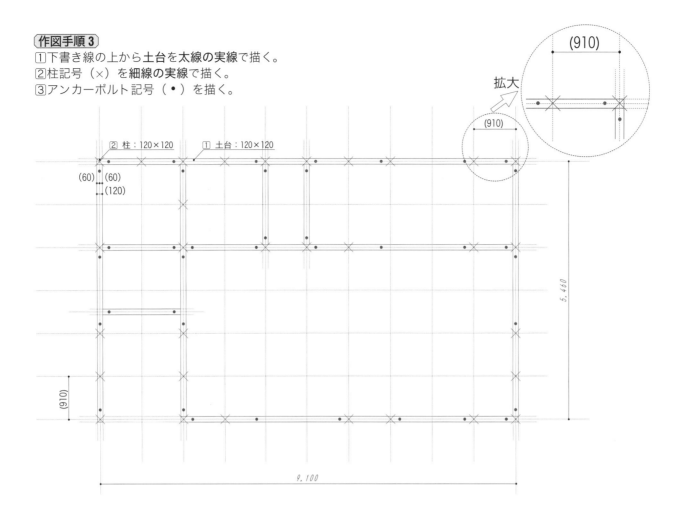

2 柱：120×120　　　1 土台：120×120

(60) (60)
(120)

(910)

(910)

5,460

9,100

1大引（90 角）を太線の実線で描く（910mm 間隔）。
2火打ち土台（105 角）を太線の実線で描く。

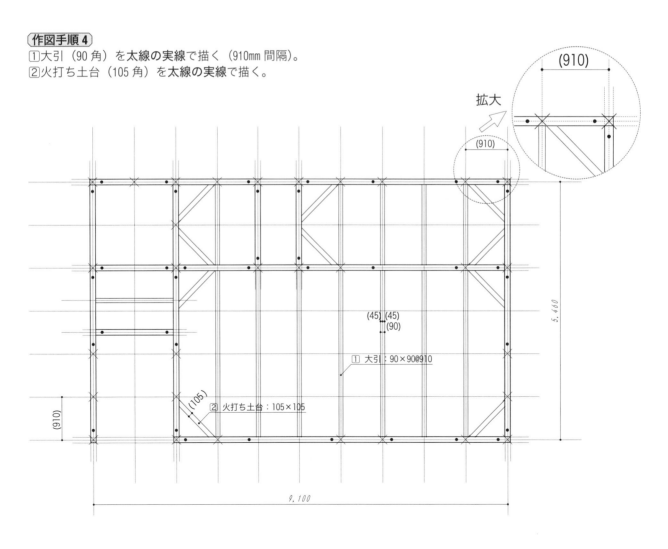

(45) (45)
(90)

1 大引：90×90@910

(105)

2 火打ち土台：105×105

(910)

5,460

9,100

作図手順 5

① 床張り仕上げとなる部屋の**根太**を柱芯より割り付けて**細線の実線**で描く（303mm 間隔）。
② 和室と押入の根太を柱芯より割り付けて**太線の実線**で描く（455mm 間隔）。
③ きわ根太を根太と平行に土台横に**太線の実線**で描く。
④ 根太掛を根太と直角に土台横に**太線の実線**で描く。
⑤ 床束記号（○）を**細線の実線**で描く。
⑥ 筋かい記号を**細線の実線**で描く。

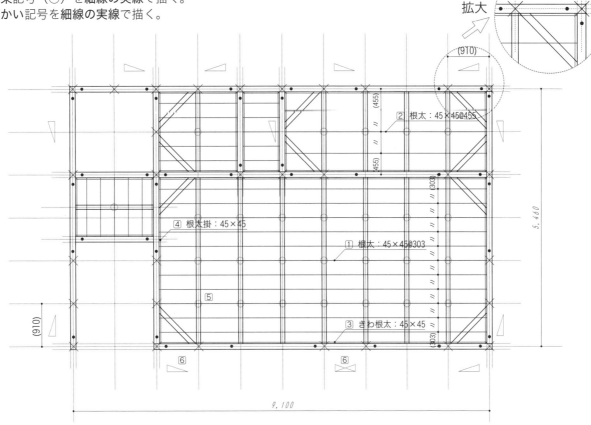

作図手順 6

① 通り芯を**細線の一点鎖線**で描く。
② 寸法線を**細線の実線**で描く。
③ 下書き線を描いた後、寸法値を描く。
④ 各部材名称を引出し線と共に描く。

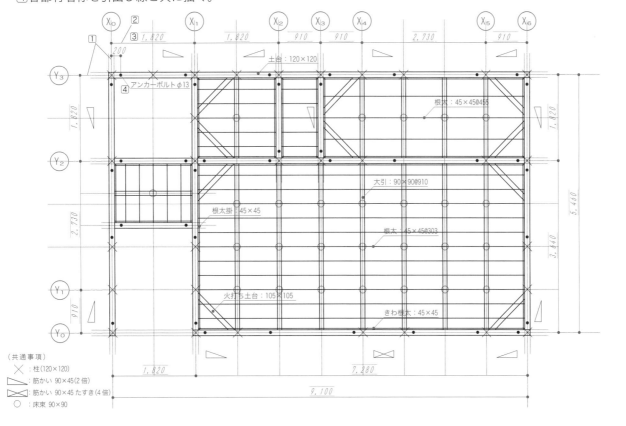

（共通事項）
✕：柱(120×120)
◺：筋かい 90×45(2倍)
◿◺：筋かい 90×45 たすき(4倍)
○：床束 90×90

①小屋伏図とは、建築物の小屋組に使われている構造部材の形状や配置を平面的に表した図面です。

②小屋伏図に示すものには、ふつう軒桁、梁、小屋梁、火打梁、小屋束、棟木、母屋、垂木があります。また、下部の柱の位置も示す必要があります。

③**柱**を**太線の実線で×**、**小屋束**を**太線の実線で○**と描きます。

④**軒桁、梁、火打梁**を厚さを考慮して、**太線の実線**で描きます。

⑤**小屋梁**を元口が、軒桁にかかるようにし、**太線の実線**で、 の記号で描きます。

⑥**棟木**は**太線の一点鎖線2本**で描き、**母屋**は**1本**で描きます。

⑦**垂木**は**細線の実線**で描きます。

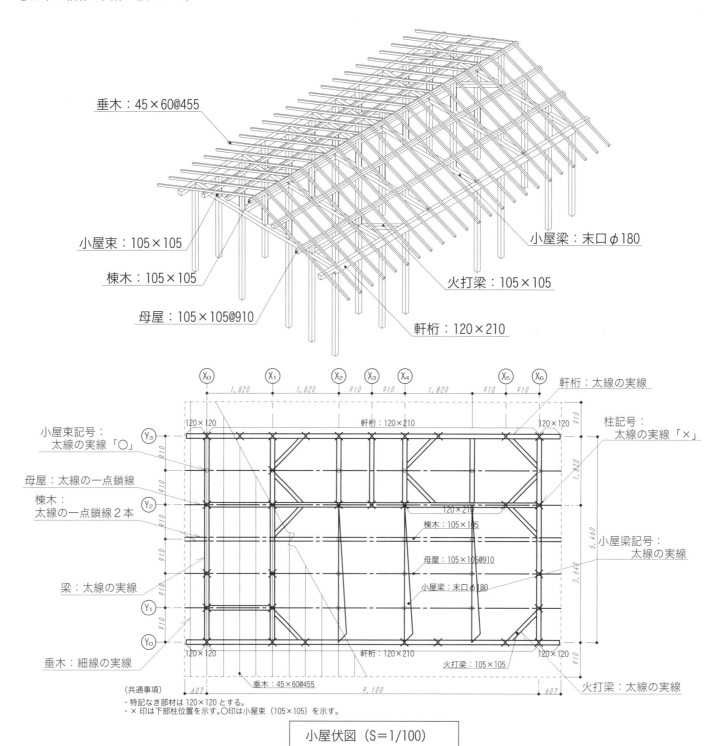

小屋伏図（S＝1/100）

◎上記に示す小屋伏図は、縮尺1/100です。ここでは、1/100の作図表現で、縮尺1/50に拡大した図面を例に作図の練習をし、線の使い分けをしっかり身につけます。

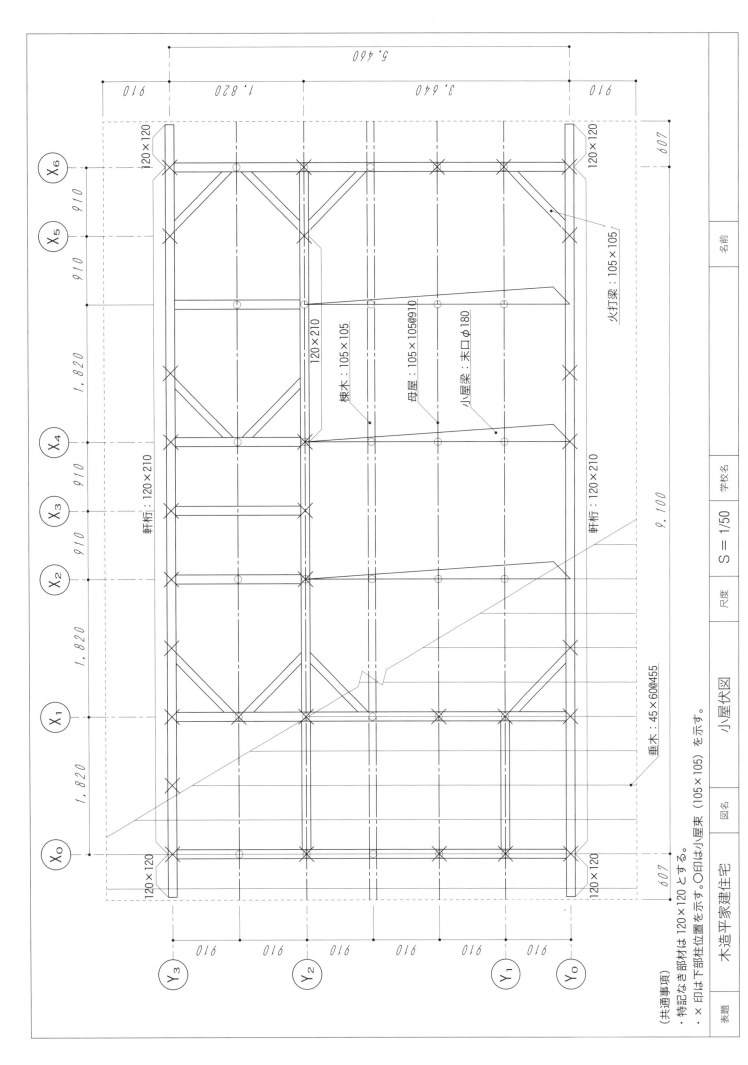

小屋伏図

▶小屋組の簡単な流れ

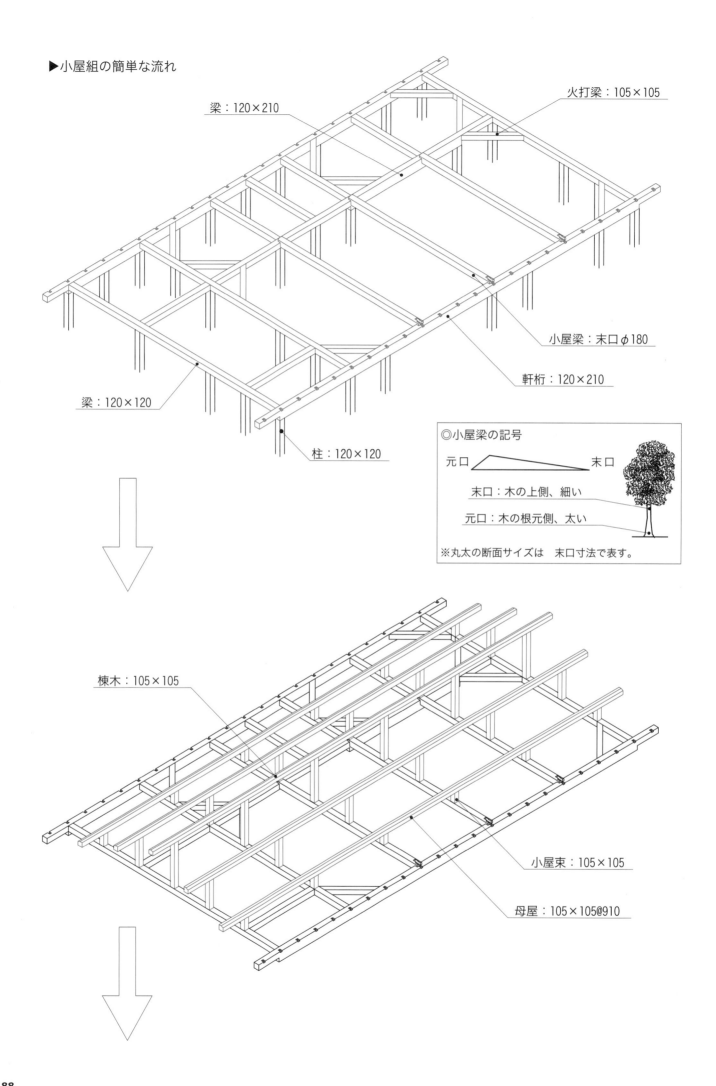

火打梁：105×105

梁：120×210

小屋梁：末口φ180

軒桁：120×210

梁：120×120

柱：120×120

◎小屋梁の記号

元口 ◁◁◁◁◁◁◁◁ 末口

末口：木の上側、細い

元口：木の根元側、太い

※丸太の断面サイズは　末口寸法で表す。

棟木：105×105

小屋束：105×105

母屋：105×105@910

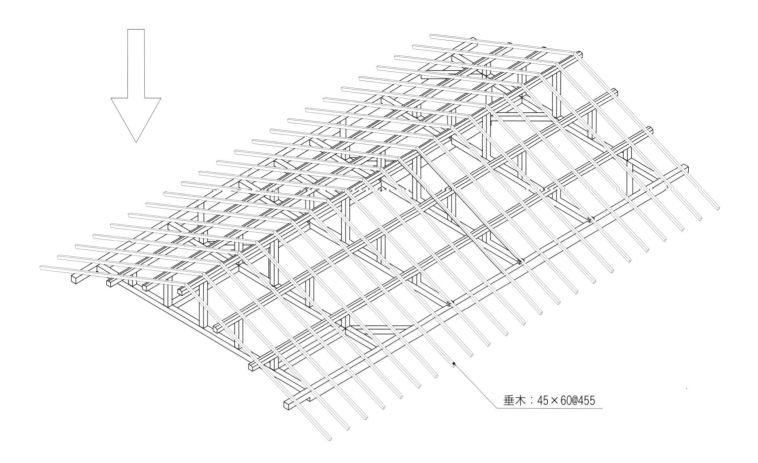

垂木：45×60@455

作図手順1

①外周部の下書き線を全体のレイアウト（配置）を考慮しながら、**極細線**で描く。
②内部の下書き線を**極細線**で 910mm 間隔に均等割りして描く。
③柱位置を×印で**太線の実線**で描く。

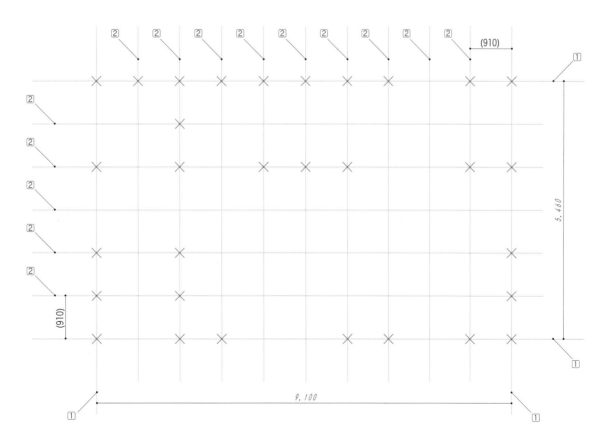

作図手順 2

①軒桁、妻梁、小屋梁、火打梁の下書き線を**極細線**で描く。

ポイント☞ 下書き線は、縦と横の線が交差するように実際の長さより長めに引く。

②屋根の軒先線の下書き線を**極細線**で描く。

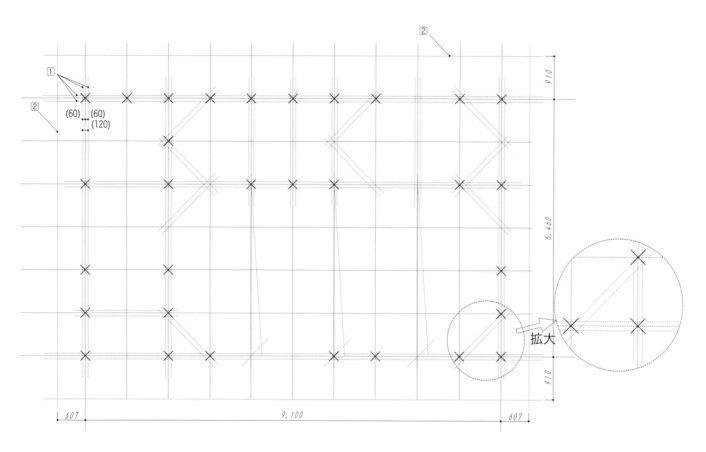

作図手順 3

①軒桁、妻梁、小屋梁、火打梁の下書き線の上から**太線の実線**で仕上げる。

②屋根の軒先線の下書き線の上から**細線の破線**で仕上げる。

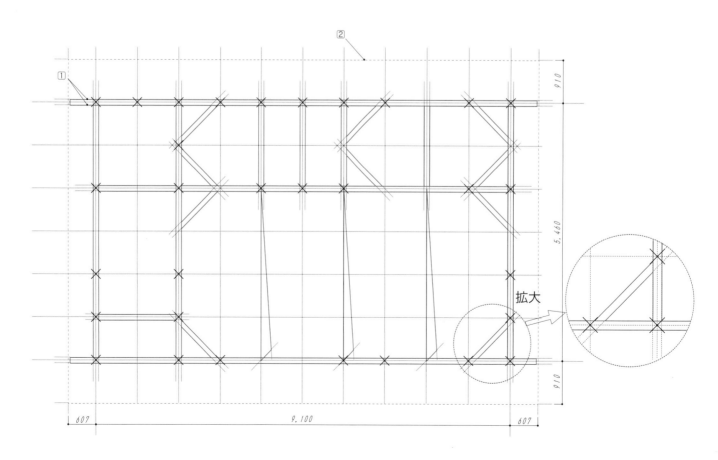

①棟木を梁間中央に**太線の一点鎖線**2本で描く。
②母屋を軒桁から 910mm 間隔で割付け、単線の
　太線の一点鎖線で描く。

③垂木を柱芯より 455mm 間隔で割付け、単線の
　細線の実線で描く。
④小屋束の位置を**太線の実線**で〇印で示す。

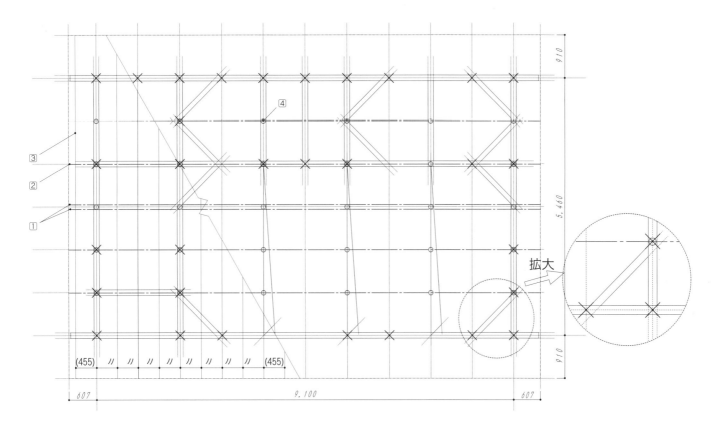

作図手順 **5**
①通り芯を**細線の一点鎖線**で描く
②寸法線を**細線の実線**で描く。

③下書き線を描いた後、寸法値を描く。
④各部材名称を引出し線と共に描く。

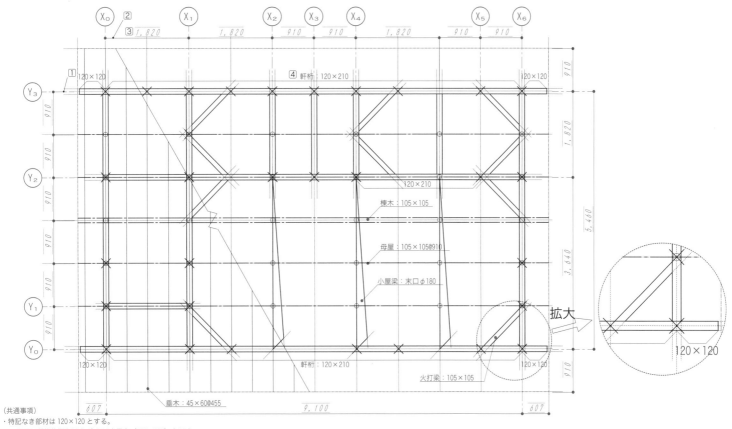

（共通事項）
・特記なき部材は 120×120 とする。
・× 印は下部柱位置を示す。〇印は小屋束（105×105）を示す。

①軸組図とは、建築物の各壁（通り）ごとに構造部材の形状や配置を立面的に表した図面です。

②軸組図に示すものには、ふつう軒桁、柱、間柱、窓台、窓まぐさ、土台、筋違いなどがあります。また、下部の基礎や床下換気口も示す必要があります。

③使用する線は**地盤線を極太線の実線**で描く以外、すべて**太線の実線**で描きます。

④**間柱**は厚さを考慮せず、単線の**太線の実線**で描きます。

▼Y₀ 軸の軸組

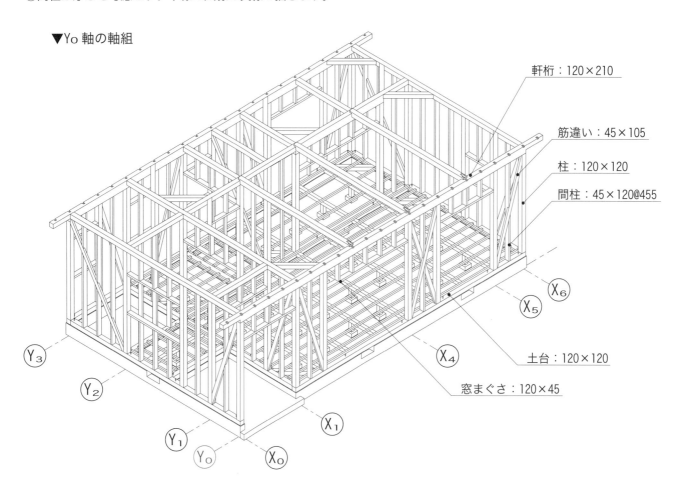

軒桁：120×210
筋違い：45×105
柱：120×120
間柱：45×120@455
土台：120×120
窓まぐさ：120×45

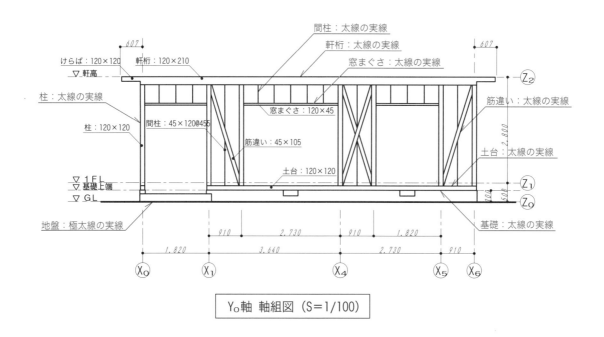

Y₀軸 軸組図（S＝1/100）

◎上記に示す軸組図は、縮尺1/100です。ここでは、1/100の作図表現で、縮尺1/50に拡大した図面を例に作図の練習をし、線の使い分けをしっかり身につけます。

▼Y₃ 軸の軸組

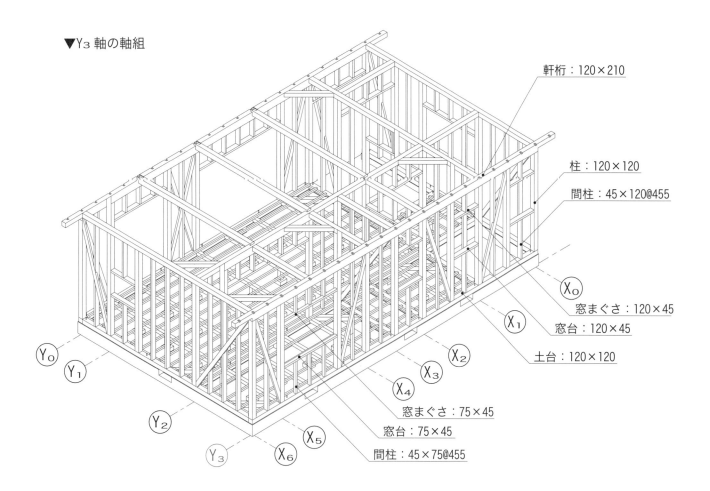

軒桁：120×210

柱：120×120

間柱：45×120@455

窓まぐさ：120×45

窓台：120×45

土台：120×120

窓まぐさ：75×45

窓台：75×45

間柱：45×75@455

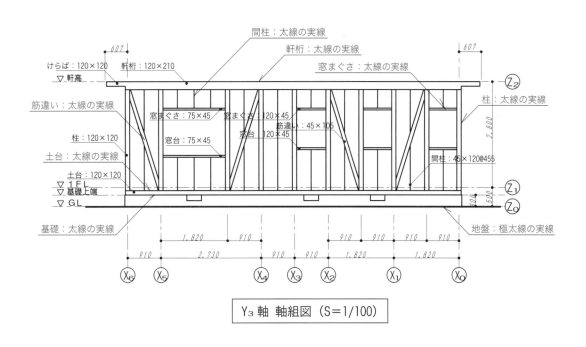

間柱：太線の実線

軒桁：太線の実線

窓まぐさ：太線の実線

けらば：120×120　軒桁：120×210
▽軒高

筋違い：太線の実線

柱：太線の実線

窓まぐさ：75×45　窓まぐさ：120×45

筋違い：45×105

柱：120×120

窓台：75×45　窓台：120×45

土台：太線の実線

間柱：45×120@455

土台：120×120
▽1FL
▽基礎上端
▽GL

基礎：太線の実線

地盤：極太線の実線

607　607

2,800

204　500

1,820　910　910　910　910　910
910　2,730　910　910　1,820　1,820

Y₃軸 軸組図（S＝1/100）

◎上記に示す軸組図は、縮尺1/100です。ここでは、1/100の作図表現で、縮尺1/50
に拡大した図面を例に作図の練習をし、線の使い分けをしっかり身につけます。

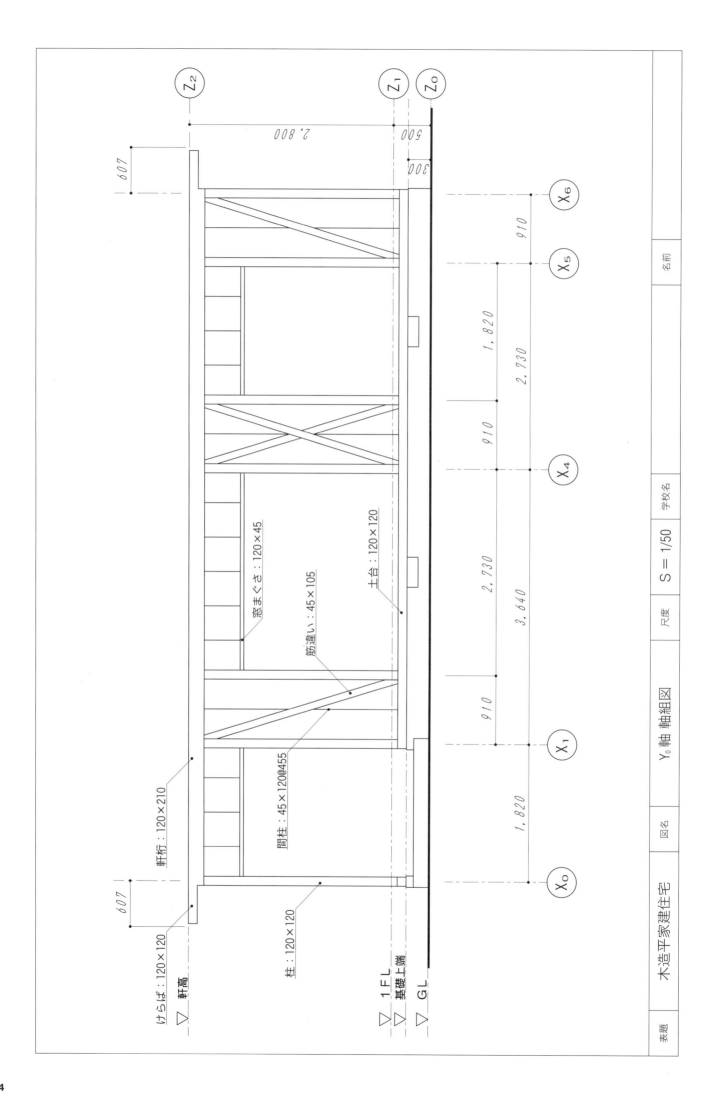

木造平家建住宅

Y₀軸 軸組図

S = 1/50

94

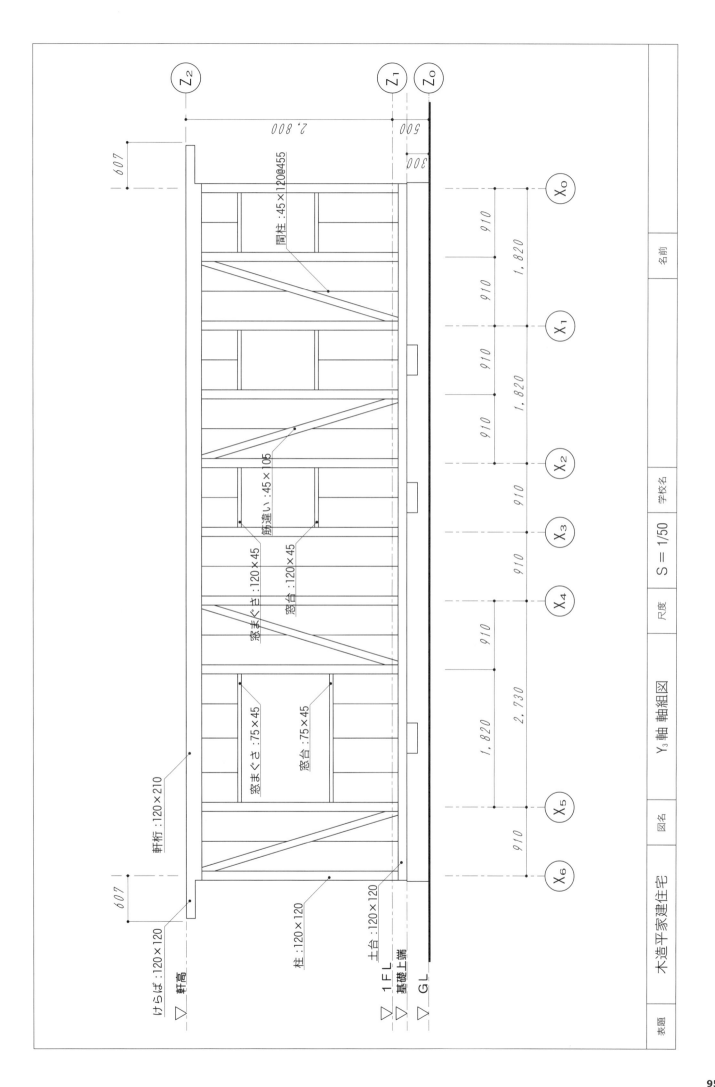

木造平家建住宅　Y₃軸 軸組図　S＝1/50

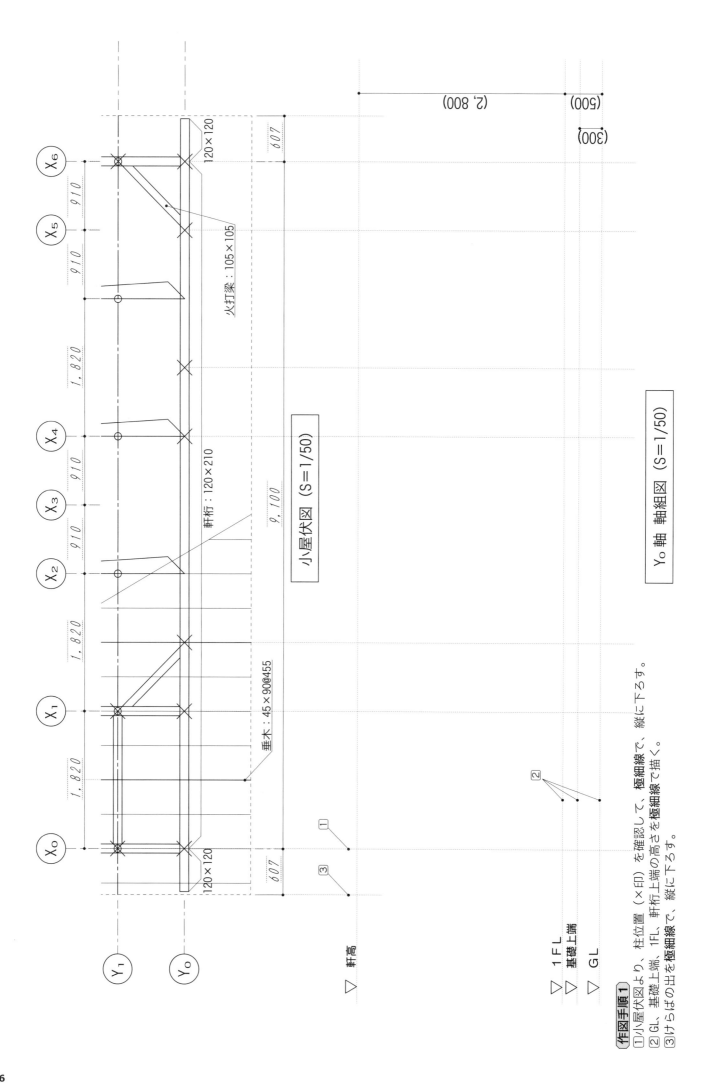

小屋伏図（S＝1/50）

120×120

火打梁：105×105

軒桁：120×210

垂木：45×90@455

120×120

9,100

1,820　910　910　910　910　607

607

X₀　X₁　X₂　X₃　X₄　X₅　X₆

1,820

1,820

Y₀　Y₁

Yₒ軸 軸組図（S＝1/50）

▽ 軒高

▽ 1FL
▽ 基礎上端
▽ GL

(2,800)

(300)　(500)

作図手順1
①小屋伏図より、柱位置（×印）を確認して、極細線で、縦に下ろす。
② GL、基礎上端、1FL、軒桁上端の高さの高さを極細線で描く。
③けらばの出を極細線で、縦に下ろす。

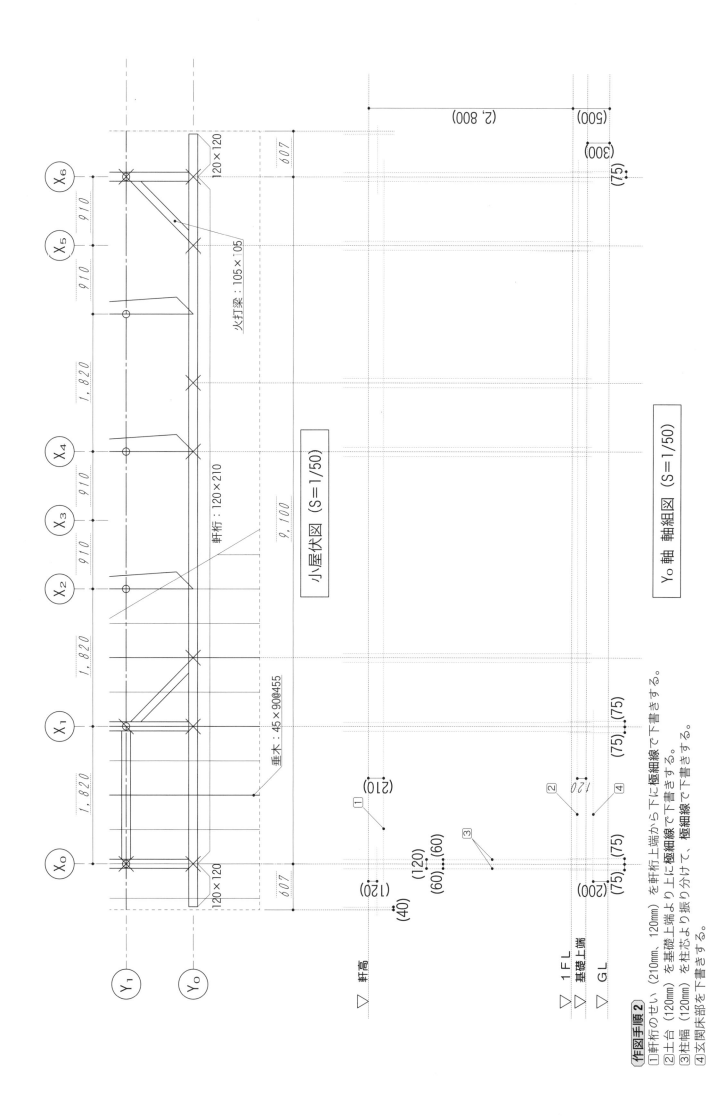

小屋伏図 (S＝1/50)

火打梁：105×105

軒桁：120×210

垂木：45×90@455

120×120

607

9,100

120×120

607

910 910 910 910 1,820 1,820 1,820 1,820

X₆ X₅ X₄ X₃ X₂ X₁ X₀

Y₁ Y₀

Y₀軸 軸組図 (S＝1/50)

(2,800) (500)

(300)

(75)

▽ 軒高

(210)

①

(120)
(120)
(60) (60)
(40)

②

120

④

③

▽ 1FL
▽ 基礎上端
▽ GL

(200)
(75)
(75)
(75)
(75)

作図手順2

① 軒桁のせい (210mm、120mm) を軒桁上端から下に極細線で下書きする。

② 土台 (120mm) を基礎上端より上に極細線で下書きする。

③ 柱幅 (120mm) を柱芯より振り分けて、極細線で下書きする。

④ 玄関床部を下書きする。

97

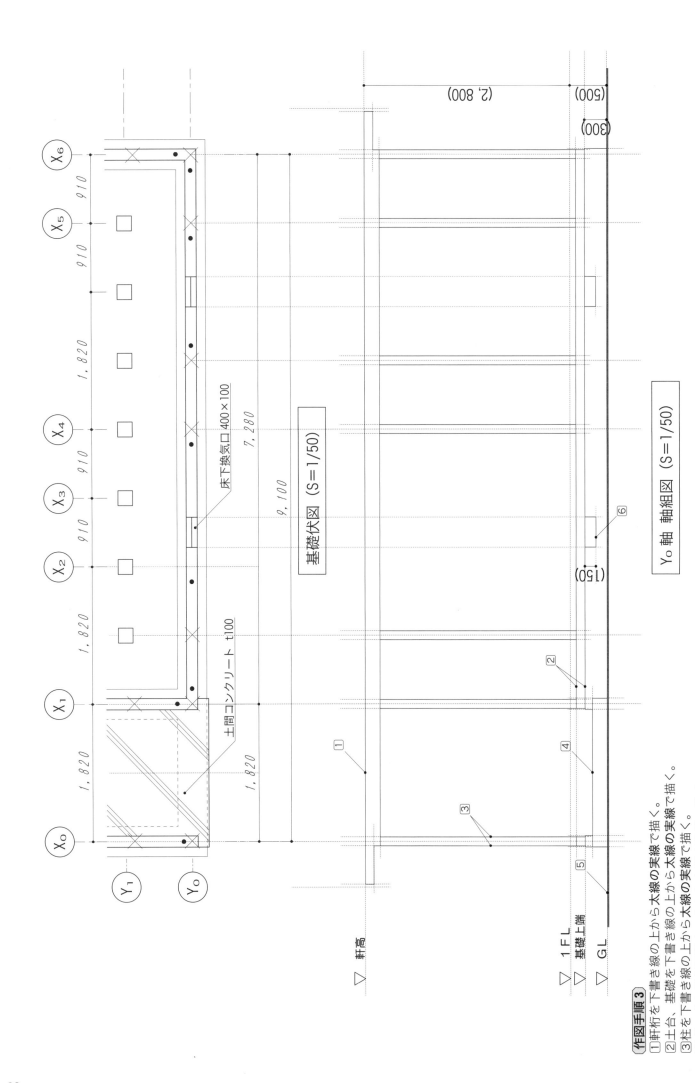

基礎伏図 (S=1/50)

床下換気口 400×100

土間コンクリート t100

7,280

9,100

1,820

Y₀軸 軸組図 (S=1/50)

(2,800)　(500)

(300)

(150)

▽ 軒高

▽ 1FL
▽ 基礎上端

▽ GL

① ② ③ ④ ⑤ ⑥

作図手順3

①軒桁を下書き線の上から太線の実線で描く。

②土台、基礎を下書き線の上から太線の実線で描く。

③柱を下書き線の上から太線の実線で描く。

④ポーチ床部を下書きの上から太線の実線で描く。

⑤GL線を極太線の実線で描く。

⑥床下換気口の位置を基礎伏図より極細線で下ろし、太線の実線で仕上げる。

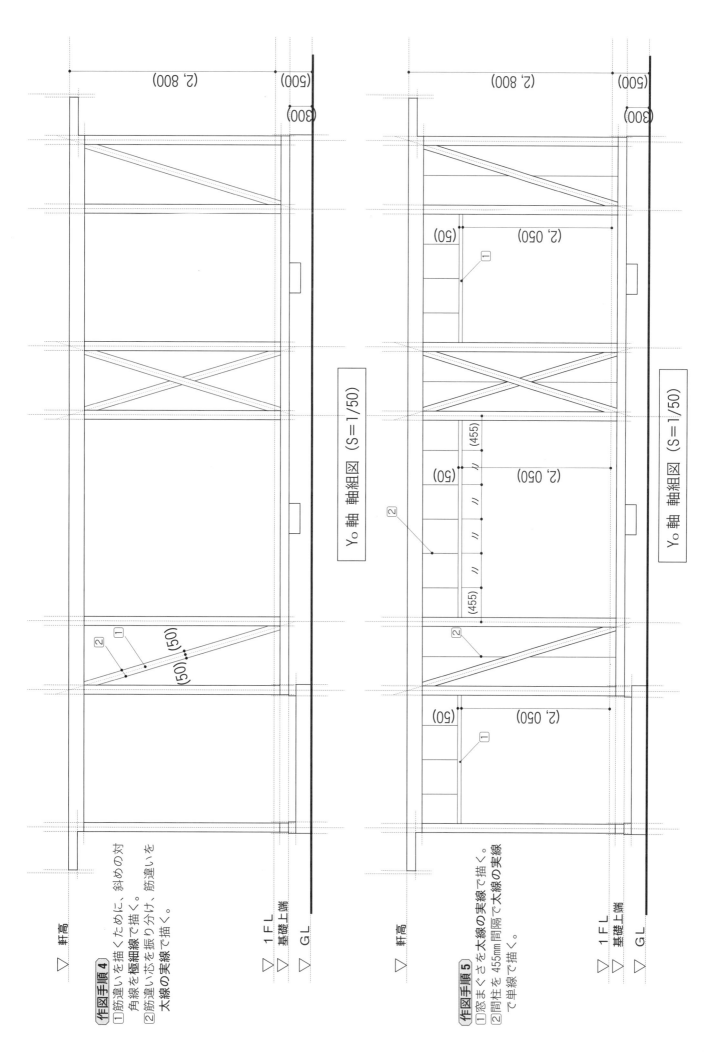

作図手順 4
①筋違いを描くために、斜めの対角線を極細線で描く。
②筋違い芯を振り分け、筋違いを太線の実線で描く。

Y₀軸 軸組図 （S=1/50）

作図手順 5
①窓まぐさを太線の実線で描く。
②間柱を455mm間隔で太線の実線で単線で描く。

Y₀軸 軸組図 （S=1/50）

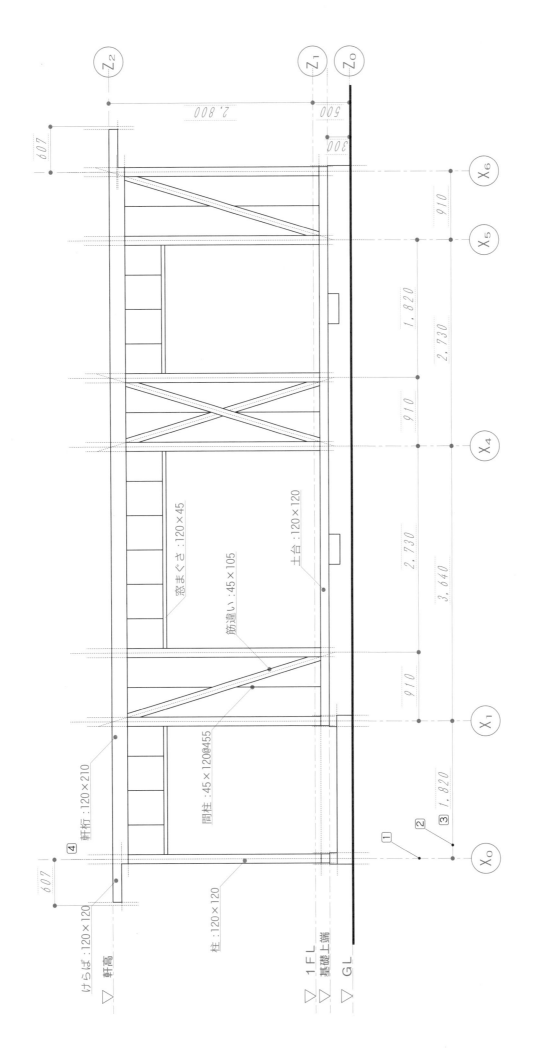

Yₒ軸 軸組図 (S=1/50)

作図手順❻

①通り芯を細線の一点鎖線で描く
②寸法線を細線の実線で描く
③下書き線を描いた後、寸法値を描く。
④各部材名称を引出し線と共に描く。

◆ルーブリック評価を活用しよう

ルーブリック（rubric）とは、学習の成果を評価するための方法で、表を使用して学習の進捗を評価します。かつては、評価方法として主にペーパーテストが一般的でしたが、ペーパーテストだけでは学習者のモチベーションを引き出すのが難しく、また評価できる領域も限定的でした。そのため、2010年以降、ルーブリックが注目され続けています。

本書は、課題ごとに作品を評価できるよう、「ルーブリック評価表」を掲載しました。

紙面の都合で、木造平家建住宅の「平面図」「断面図」「立面図」「矩計図」の4種類のみの掲載ですが、その他の課題については、学芸出版社のホームページよりダウンロードしてご活用下さい。

ダウンロード URL
https://book.gakugei-pub.co.jp/gakugei-book/9784761532963

○ルーブリック評価とは

各課題において、学習する人が何を学習するのかを示す「評価観点」と、学習到達しているレベルを示す具体的な「評価尺度」を表形式でまとめた評価指標のことです。到達レベルを数段階に分けて特徴を記述するので、到達レベルが明確化されます。

○ルーブリック評価の活用法

（本書の作図課題を学習する方へ）

各課題に取り組む前に、それぞれの「評価観点」ごとの「評価尺度」を確認して下さい。

作図する際に評価ポイントが一目で理解できます。また、作図が終わった時点で、評価表を使って、自分で自分の作品を評価してください。改善点が見つかり、次の学習につながります。

また、クラスメイト同士などで、作品を交換し、お互いに評価し合うことも効果的ではないでしょうか。

（課題評価をする教職員等の方へ）

建築製図の課題図面の評価は、ペーパーテストと違って、問題ごとに点数化されていないため、採点する人によって、評価が一定でなく曖昧になっているのが現状です。そこで、このルーブリック評価表を使うことで、「評価の見える化」が可能になります。

本書では、評価尺度を「評価A」「評価B」「評価C」の3段階のものを作成しました。それぞれの評価について、各々で点数を決めていただき（本書では、点数は「（　　　）点」とし空白にしています）、合計点を出すことで、点数化することができます。

各評価の点数の決め方は、例えば、オールAを90点とするなら、「評価A」は、90点÷6観点＝15点、オールBを70点とするなら、「評価B」は、70点÷6観点≒12点、オールCを50点とするなら、「評価C」は、50点÷6観点＝8点となります。

「木造平家建住宅」課題ルーブリック評価表

図面名	平面図	出席番号　　　氏名		
No.	評価観点	評価尺度		
		評価 A（　　　点）	評価 B（　　　点）	評価 C（　　　点）
1	下書き線・基準線・基準記号	□下書き線を極細線で正確に作図した上に、基準記号、基準線（一点鎖線）を細線で丁寧に作図できている。	□下書き線を極細線で正確に作図できていなかったり、基準記号、基準線が不正確、丁寧さに欠ける箇所がある。	□下書き線が太く目立っている。基準記号、基準線も丁寧に作図できていない。
2	壁・柱	□基準線からの振り分けが正確で、縮尺に応じた壁厚や線の太さ（極太線）で作図できている。	□基準線からの振り分けが不正確で、縮尺に応じた壁厚や線の太さで描いていない箇所がある。	□基準線からの振り分けが不正確で、縮尺に応じた壁厚や線の太さで作図できていない。
3	開口部	□壁厚や建具の納まりを意識した開口部端部の位置取りと表現ができている。	□壁厚や建具の納まりを意識した開口部端部の位置取りと表現ができていない箇所がある。	□壁厚や建具の納まりを意識した開口部端部の位置取りと表現ができていない。
4	家具・衛生機器等の見えがかり	□正確な大きさで、細線の実線・破線・点線を使い分けて丁寧に作図できている。	□正確な大きさでない箇所や、一部細線の実線・破線・点線を使い分けせずに作図されている箇所がある。	□不正確な大きさで、細線の実線・破線・点線の使い分けができていない箇所が目立つ。
5	室名・寸法等	□寸法、方位等の線の使い分けや、下描きの字幅線を引いて丁寧でわかりやすい室名等の記載になっている。	□寸法、方位等の線の使い分けや、下描きの字幅線を引いてなかったり、丁寧でわかりやすい室名等の記載になっていない箇所がある。	□寸法、方位等の線の使い分けや、下描きの字幅線を引いていなかったり、丁寧でわかりやすい室名等の記載になっていない。
6	課題全体の完成度	□全体のレイアウトが良く、用紙の汚れもなく、紙面全体が美しく仕上げられている。	□全体のレイアウトが片方に寄っていたり、部分的に汚れており、美しさへの配慮が不足している。	□全体のレイアウトが悪く、用紙の汚れが目立ち、美しさへの配慮が明らかに欠けている。
	小計			
備考				合計

「木造平家建住宅」課題ルーブリック評価表

図面名	断面図		出席番号　　　　氏名	
No.	評価観点	評価尺度		
		評価 A（　　点）	評価 B（　　点）	評価 C（　　点）
1	平面図からの下書き線	□平面図を用紙の上部に貼って、通り芯や開口部の位置を下書き線で断面図に引き下ろして整合性を確認しながら作図ができている。	□平面図を用紙の上部に貼って、通り芯や開口部の位置を下書き線で断面図に引き下ろして作図しているが、整合性が不十分な箇所がある。	□平面図を用紙の上部に貼らずに、お手本の断面図の寸法を測りながら作図している。
2	通り芯、高さ、勾配などの基準線、基準記号	□下書き線を極細線で正確に作図した上に、基準記号、基準線（一点鎖線）を細線で丁寧に作図できている。	□下書き線が極細線で正確に作図されていなかったり、基準記号、基準線が不正確、丁寧さに欠ける箇所がある。	□下書き線が太く目立っている。基準記号、基準線も丁寧に作図できていない。
3	切断線（屋根・壁厚・開口部・床・天井等）	□下書き線の上から、屋根・壁厚・開口部・床・天井などを極太線で正確かつ丁寧に作図できている。	□下書き線の上から、屋根・壁厚・開口部・床・天井などを極太線で正確かつ丁寧に作図できていない箇所がある。	□壁厚・開口部の高さ・天井高などが極太線で正確かつ丁寧に作図されていない。
4	家具・建具等の見えがかり	□家具・建具等の見えがかり線が細線で正確かつ丁寧に作図できている。	□家具・建具等の見えがかり線が細線で正確かつ丁寧に作図できていない箇所がある。	□家具・建具等の見えがかり線が細線で正確かつ丁寧に作図されていない。
5	室名・寸法等	□寸法等の線の使い分けや、文字が下書きの字幅線を引いて丁寧でわかりやすい記載になっている。	□寸法等の線の使い分けや、文字が下書きの字幅線を引いて丁寧でわかりやすい記載になっていない箇所がある。	□寸法等の線の使い分けができておらず、文字に下書きの字幅線を引いて丁寧でわかりやすい記載になっていない。
6	課題全体の完成度	□全体のレイアウトが良く、用紙の汚れもなく、紙面全体が美しく仕上げられている。	□全体のレイアウトが片方に寄っていたり、部分的に汚れており、美しさへの配慮が不足している。	□全体のレイアウトが悪く、用紙の汚れが目立ち、美しさへの配慮が明らかに欠けている。
	小計			
備考				合計

図面名	立面図		出席番号　　　　氏名	
No.	評価観点	評価尺度		
		評価 A（　　点）	評価 B（　　点）	評価 C（　　点）
1	平面図からの下書き線	□平面図を用紙の上部に貼って、通り芯や開口部の位置を下書き線で断面図に引き下ろして整合性を確認しながら作図ができている。	□平面図を用紙の上部に貼って、通り芯や開口部の位置を下書き線で断面図に引き下ろして作図しているが、整合性が不十分な箇所がある。	□平面図を用紙の上部に貼らずに、お手本の断面図の寸法を測りながら作図している。
2	通り芯・高さ・勾配などの基準線・基準記号	□下書き線を極細線で正確に作図した上に、基準記号、基準線（一点鎖線）を細線で丁寧に作図できている。	□下書き線が極細線で正確に作図されていなかったり、基準記号、基準線が不正確、丁寧さに欠ける箇所がある。	□下書き線が太く目立っている。基準記号、基準線も丁寧に作図できていない。
3	外形線（屋根・壁）	□外周の輪郭線を極太線で遠近感を出し、地盤線を超極太線で安定感を出し、正確かつ丁寧に作図できている。	□外周の輪郭線を極太線でなく、地盤線を超極太線でなく、正確かつ丁寧に作図できていない箇所がある。	□外周の輪郭線を極太線ではなく、地盤線も超極太線ではなく、正確かつ丁寧に作図できていない。
4	開口部等見えがかり	□開口部は、極太線と細線を使い分けメリハリがあり、その他の見えがかりも正確かつ丁寧に作図できている。	□開口部は、極太線と細線の使い分けができておらず、その他の見えがかりも正確かつ丁寧さに欠ける箇所がある。	□開口部は、極太線と細線の使い分けができておらず、その他の見えがかりも正確かつ丁寧さに欠ける。
5	寸法、文字等	□寸法等の線の使い分けや、文字が下書きの字幅線を引いて丁寧でわかりやすい記載になっている。	□寸法等の線の使い分けや、文字が下書きの字幅線を引いて丁寧でわかりやすい記載になっていない箇所がある。	□寸法等の線の使い分けや、文字が下書きの字幅線を引いて丁寧でわかりやすい記載になっていない。
6	課題全体の完成度	□全体のレイアウトが良く、用紙の汚れもなく、紙面全体が美しく仕上げられている。	□全体のレイアウトが片方に寄っていたり、部分的に汚れており、美しさへの配慮が不足している。	□全体のレイアウトが悪く、用紙の汚れが目立ち、美しさへの配慮が明らかに欠けている。
	小計			
備考				合計

図面名	矩計図		出席番号　　　　氏名	
No.	評価観点	評価尺度		
		評価 A（　　点）	評価 B（　　点）	評価 C（　　点）
1	下書き線・基準線・基準記号	□下書き線を極細線で正確に作図した上に、基準記号、基準線（一点鎖線）を細線で丁寧に作図できている。	□下書き線を極細線で正確に作図されていなかったり、基準記号、基準線が不正確、丁寧さに欠ける箇所がある。	□下書き線が太く目立っている。基準記号、基準線も丁寧に作図できていない。
2	屋根・小屋・天井まわり	□断面線（極太線）と姿線（細線）を使い分けながら正確かつ丁寧に作図できている。	□断面線（極太線）と姿線（細線）の使い分けが不正確で、丁寧さに欠ける箇所がある。	□断面線（極太線）と姿線（細線）の使い分けが不正確で、丁寧さに欠ける。
3	壁・開口部まわり	□断面線（極太線）と姿線（細線）を使い分けながら正確かつ丁寧に作図できている。	□断面線（極太線）と姿線（細線）の使い分けが不正確で、丁寧さに欠ける箇所がある。	□断面線（極太線）と姿線（細線）の使い分けが不正確で、丁寧さに欠ける。
4	床・基礎まわり	□断面線（極太線）と姿線（細線）を使い分けながら正確かつ丁寧に作図できている。	□断面線（極太線）と姿線（細線）の使い分けが不正確で、丁寧さに欠ける箇所がある。	□断面線（極太線）と姿線（細線）の使い分けが不正確で、丁寧さに欠ける。
5	説明文・寸法・室名	□引出線、寸法等の線の使い分けや、文字が均一な大きさで正確かつ丁寧でわかりやすい記載になっている。	□断面線（極太線）と姿線（細線）の使い分けが不正確で、丁寧さに欠ける箇所がある。	□断面線（極太線）と姿線（細線）の使い分けが不正確で、丁寧さに欠ける。
6	課題全体の完成度	□全体のレイアウトが良く、用紙の汚れもなく、紙面全体が美しく仕上げられている。	□全体のレイアウトが片方に寄っていたり、部分的に汚れており、美しさへの配慮が不足している。	□全体のレイアウトが悪く、用紙の汚れが目立ち、美しさへの配慮が明らかに欠けている。
	小計			
備考				合計

木造2階建図面の描き方

本章では、木造2階建住宅の主要な図面を縮尺1/100で作図します。

作図手順は第3章「木造平家建図面」で解説済ですので、各図面の関係性を示す程度になっています。

ただし、2階建になることで、新たに必要な「階段」と「通し柱」「管柱」の違いなどを解説します。

木造2階建は、2級建築士製図試験でも出題されます。しっかり理解してください。

南西方向から見た外観パース

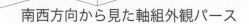

南西方向から見た軸組外観パース

北東方向から見た外観パース

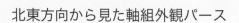

北東方向から見た軸組外観パース

1 階段の寸法と種類

1 2階建図面を描く上で、平家建と大きく違う点は**階段**が存在することです。
　階段は、高低差のある場所への移動を行うために設けられる構造物の一つです。

2 階段は、下図に示すように蹴上（けあげ）と、踏面（ふみづら）で表され、建築基準法施行令第23条で、その寸法が定められています。

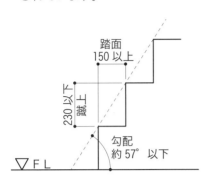

▼住宅の場合…建築基準法による階段の規定

蹴上（けあげ）　230mm 以下

踏面（ふみづら）　150mm 以上

　左に示す階段の断面図は、法規制の限度寸法で描いたものなので、かなり急勾配になっています。実際は、もう少し緩やかな勾配にします。

3 蹴上（けあげ）について

● 階高3,000mm にした場合……

　13段なら蹴上は、

　　3,000mm ÷ 13段 ≒ 231mm ＞ 230mm　…NG

　　　※14段以上にするか、階高を低くする必要がある

● 階高2,900mm とした場合……

　13段なら蹴上は、

　　2,900mm ÷ 13段 ≒ 223mm ＜ 230mm　…OK

　　※右図は、階高2,900mm、蹴上223mmにした例

▶吹寄せ階段

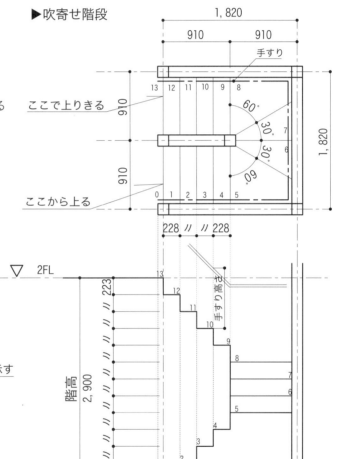

ここで上りきる

ここから上る

4 踏面（ふみづら）について

910mm を4等分すると踏面は、

　910mm ÷ 4 ≒ 228mm ＞ 150mm　　　…OK

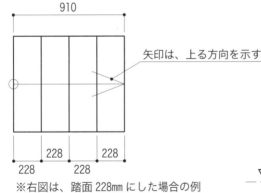

矢印は、上る方向を示す

※右図は、踏面228mmにした場合の例

5 手すりについて

　階段と踊り場には、必ず手すりを設けます。一般に高さ0.8〜0.9mとします（高齢者向きは0.75m）。

6 階段の種類

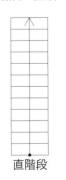

直階段

折り返し階段

回り階段

吹寄せ階段

らせん階段

7 1階と2階の階段平面図の表現例

▼吹寄せ階段の場合

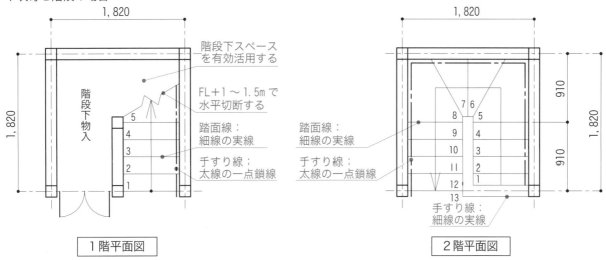

▼直階段の場合

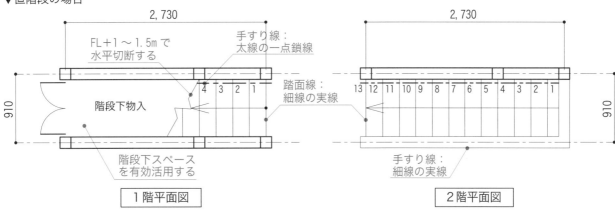

---

2 管柱と通し柱

管柱（くだばしら）： □   通し柱： ▢ 細線の実線

1 柱は、2階建図面になると管柱と通し柱に区別され、以下のように表します。

2 管柱とは、その階のみに建っている柱のことで、1階で言えば土台から2階の床を支える胴差まで、2階で言えば胴差から軒桁までの柱のことを指します。

3 通し柱とは、2階建て以上の建物の1階から2階を『1本の柱で通してある柱』のことです。
通し柱はおもに外周に立てられ、通し柱同士は胴差が柱の側面に突き刺さるような形で固定されます。
通し柱は1階と2階を構造的に一体化し、建物の耐震性や耐久性を高める役割を果たすとても重要な柱です。

4 通し柱は、1階平面図及び2階平面図の同じ位置に表す必要があります。

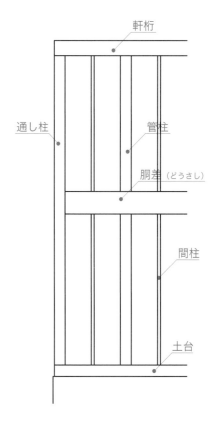

◎木造2階建住宅の演習課題及び作図手順は、折図13、14を参照してください。

③ 平面図

作図方法は、第3章「木造平家建図面の描き方」「1. 平面図」p.26～を参照してください。

階段や通し柱等が新たに必要となりますが、2階建になっても、作図手順は変わりません。

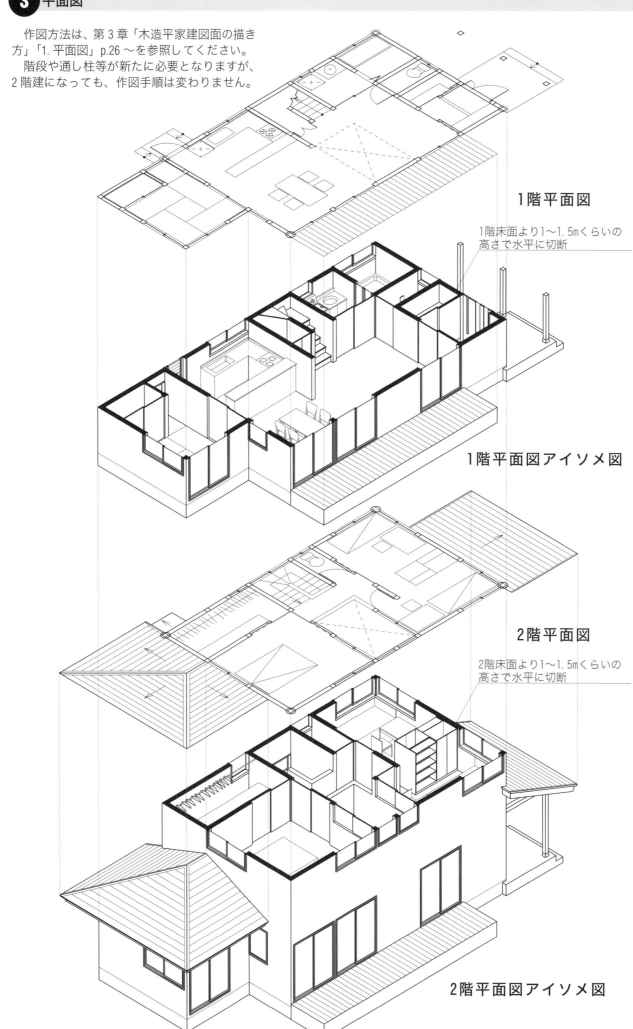

1階平面図

1階床面より1～1.5mくらいの高さで水平に切断

1階平面図アイソメ図

2階平面図

2階床面より1～1.5mくらいの高さで水平に切断

2階平面図アイソメ図

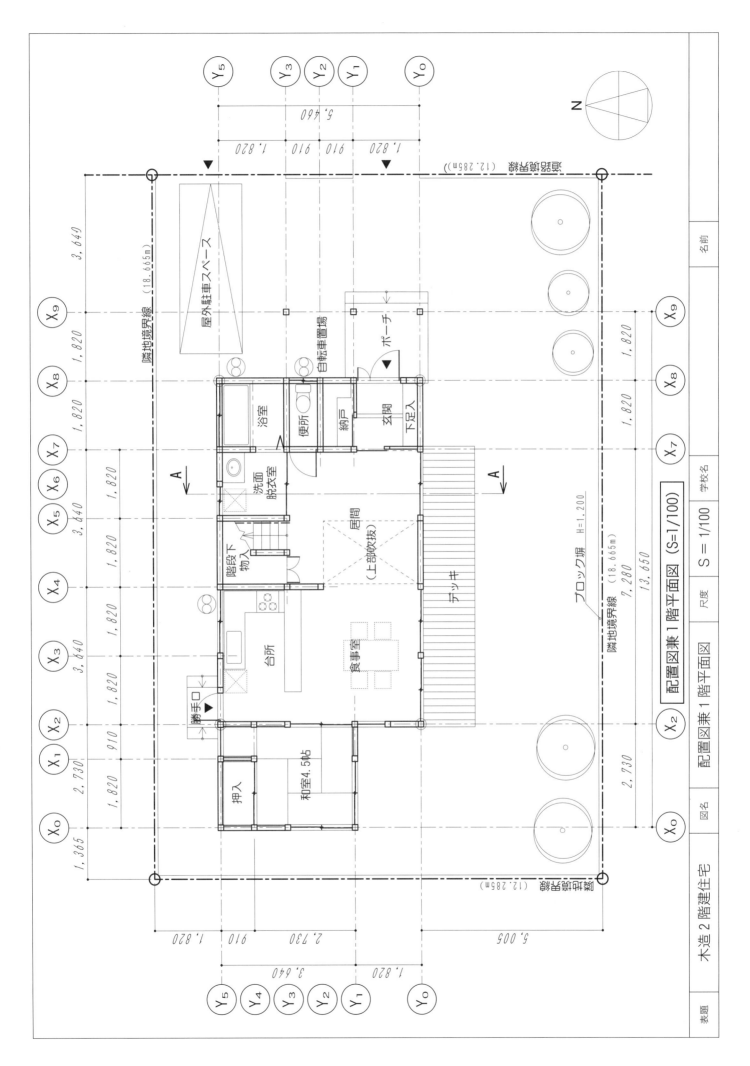

配置図兼1階平面図 (S=1/100)

N

木造2階建住宅

| 表題 | 木造2階建住宅 | 図名 | 配置図兼1階平面図 | 尺度 | S=1/100 | 学校名 | | 名前 | |

107

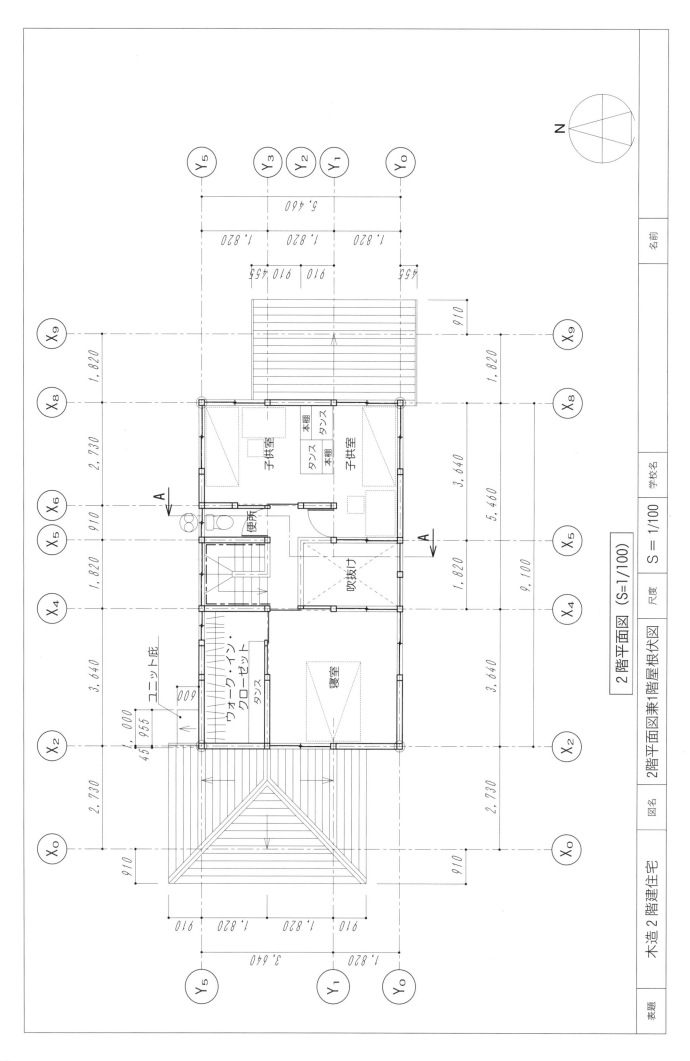

N

2階平面図 (S=1/100)

子供室
子供室
タンス
本棚
本棚
タンス
便所
吹抜け
ウォーク・イン・クローゼット
タンス
寝室
ユニット庇

A

X₉ X₈ X₆ X₅ X₄ X₂ X₀
Y₅ Y₃ Y₂ Y₁ Y₀

1,820
1,820
1,820
5,460
455 910 910 455
910

910
1,820
2,730
910
1,820
3,640
2,730
910

2,730
3,640
5,460
9,100
1,820
3,640
910

600
1,000
955
45

910
1,820 1,820 910
3,640
1,820

表題 木造2階建住宅 図名 2階平面図兼1階屋根伏図 尺度 S = 1/100 学校名 名前

④ 断面図

・1階平面図を使って、関連性を確認し、A-A断面図の1階部分の断面図を作図します。

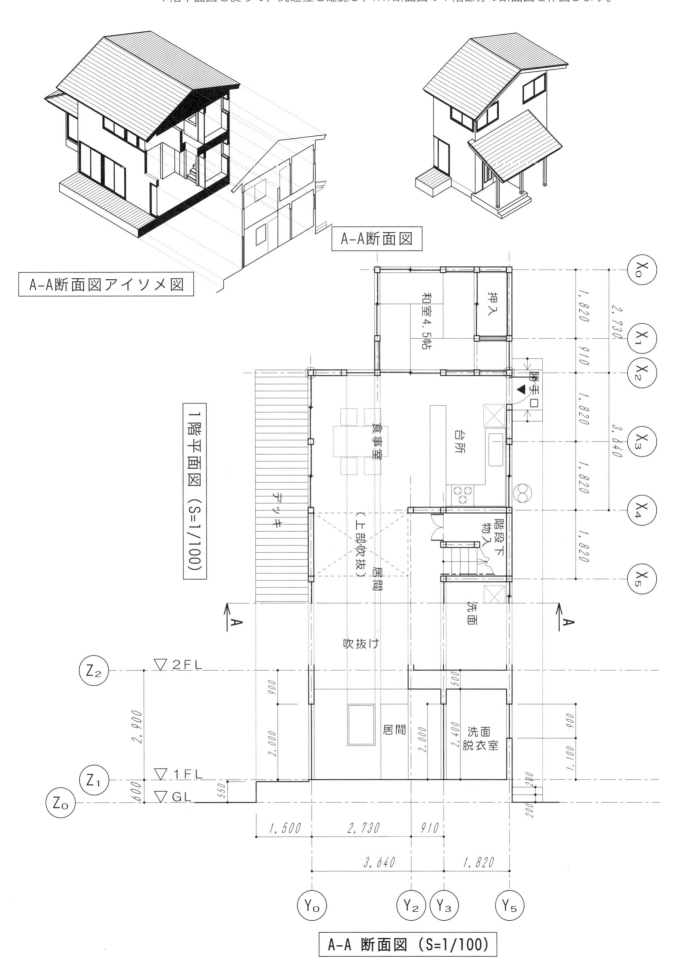

A-A断面図アイソメ図

A-A断面図

1階平面図（S=1/100）

A-A 断面図（S=1/100）

・2 階平面図を使って、関連性を確認し、A-A
断面図の 2 階部分の断面図を作図します。

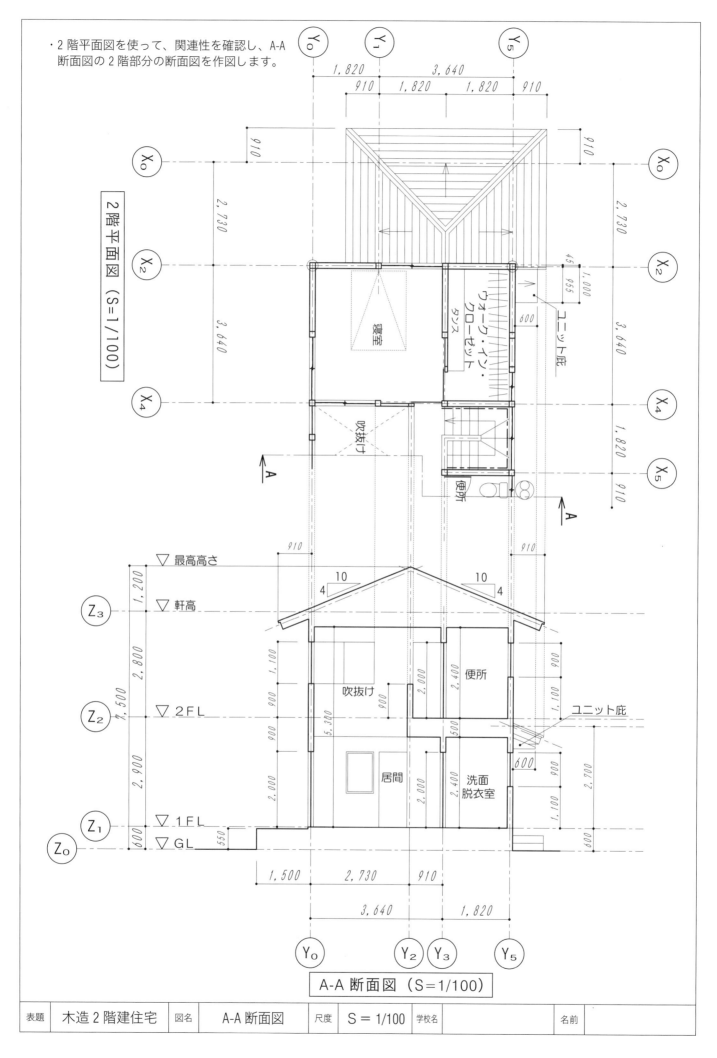

2 階平面図 (S=1/100)

A-A 断面図 (S=1/100)

| 表題 | 木造 2 階建住宅 | 図名 | A-A 断面図 | 尺度 | S = 1/100 | 学校名 | | 名前 | |

・1、2階平面図を使って、関連性を確認し、各立面図を作図します。（P.103 の外観パース参照）

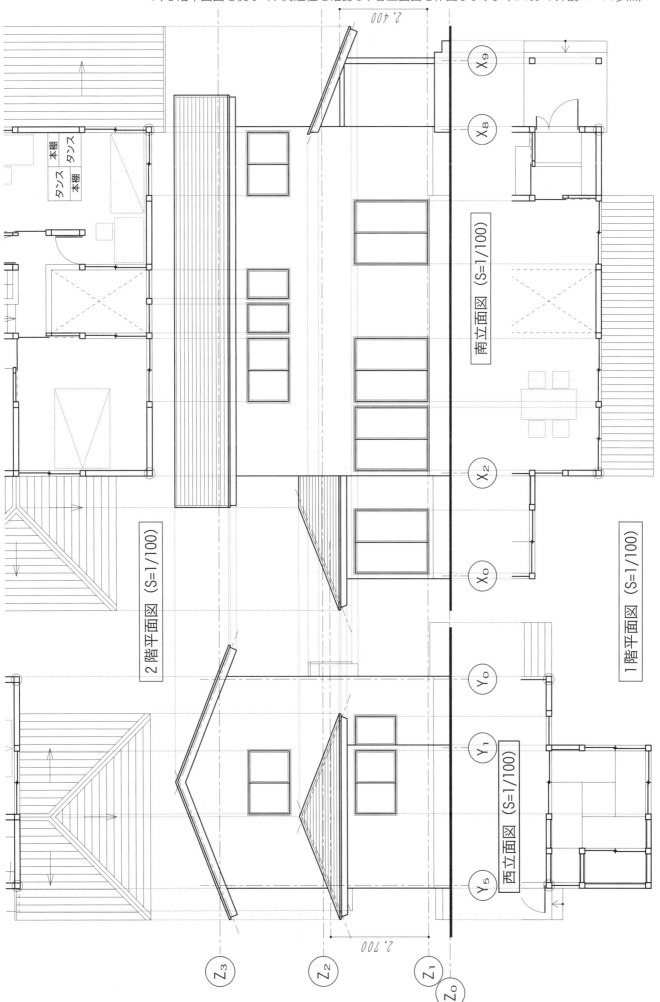

2階平面図 (S=1/100)

1階平面図 (S=1/100)

南立面図 (S=1/100)

西立面図 (S=1/100)

2,400

2,700

タンス　本棚
本棚　タンス

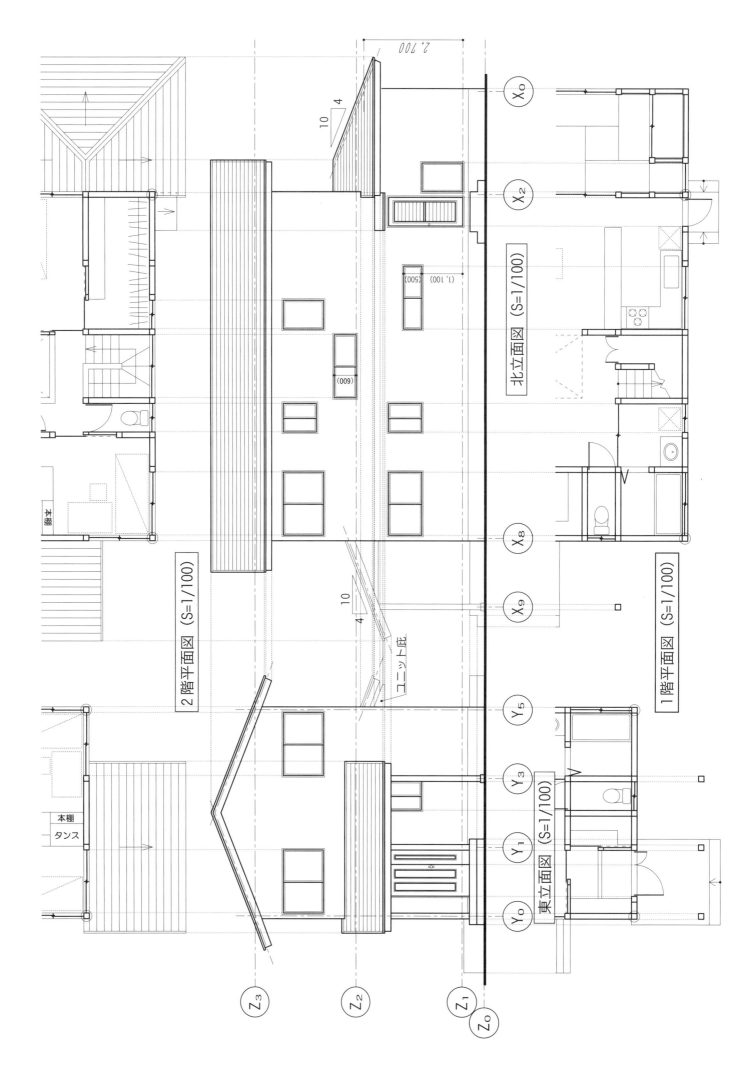

2階平面図 (S=1/100)

北立面図 (S=1/100)

1階平面図 (S=1/100)

東立面図 (S=1/100)

本棚

タンス

本棚

ユニット底

2,700

4
10

10
4

(009)

(1,100)

(500)

X_0
X_2
X_8
X_9
Y_5
Y_3
Y_1
Y_0

Z_3
Z_2
Z_1
Z_0

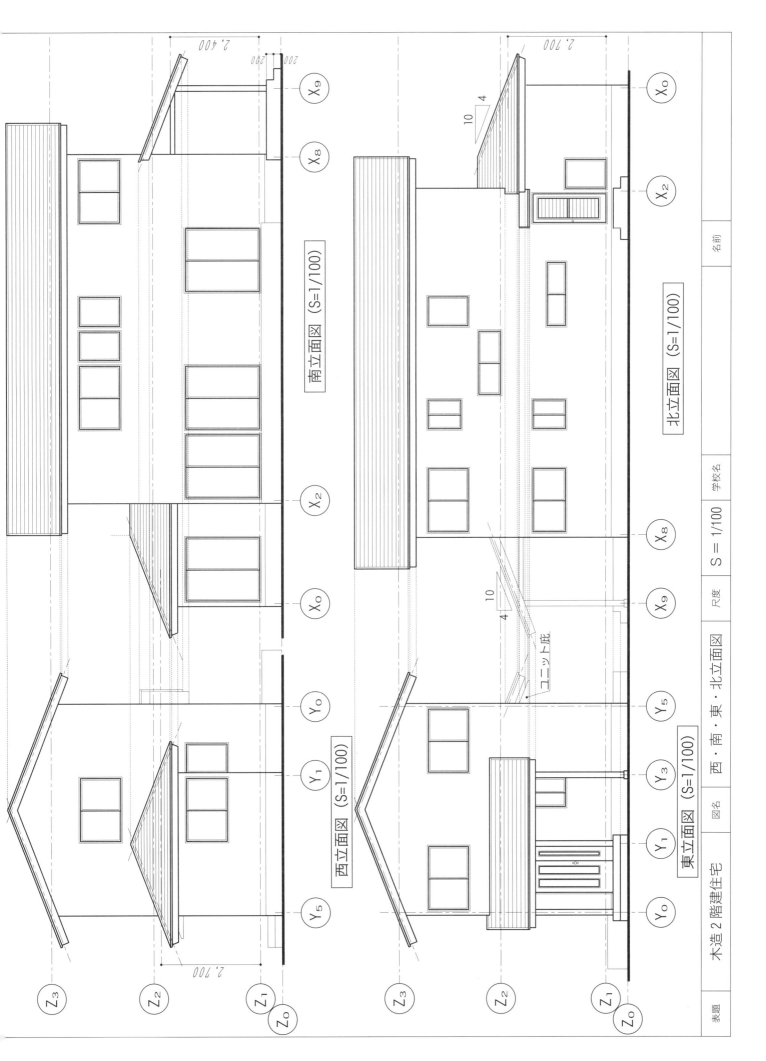

南立面図 (S=1/100)

北立面図 (S=1/100)

西立面図 (S=1/100)

東立面図 (S=1/100)

ユニット庇

2,700

2,400

2,700

| 表題 | 木造2階建住宅 | 図名 | 西・南・東・北立面図 | 尺度 | S = 1/100 | 学校名 | | 名前 | |

〈べた基礎〉
①鋼製束の位置は「＋」記号で示します。
②基礎パッキンを使用する場合、床下換気口は
　必要ありません。

独立基礎
アンカーボルト φ13

〈基礎パッキン〉

基礎パッキン

鋼製束 @910

ベースコンクリート t150

基礎立上り t150

〈鋼製の床束〉

つなぎ大引：90×90 @910

大引：90×90 @910

土台：120×120

通し柱：120×120

管柱：120×120

〈プラスティック製の床束〉

筋かい：90×45

筋かい：90×45たすき

基礎パッキン

柱
半ほぞ
半ほぞ穴
土台
女木
土台
男木
〈蟻掛け〉

筋かいプレート

柱
ほぞ
ほぞ穴
土台
〈ほぞ・ほぞ穴〉

大引：90×90
土台：120×120
均しモルタル
アンカーボルト φ13
基礎パッキン換気口
鋼製束
GL
Zo
ベースコンクリート t150
防湿シート t=0.15
捨コン t=50
砕石 t=150

〈べた基礎断面詳細図〉

114

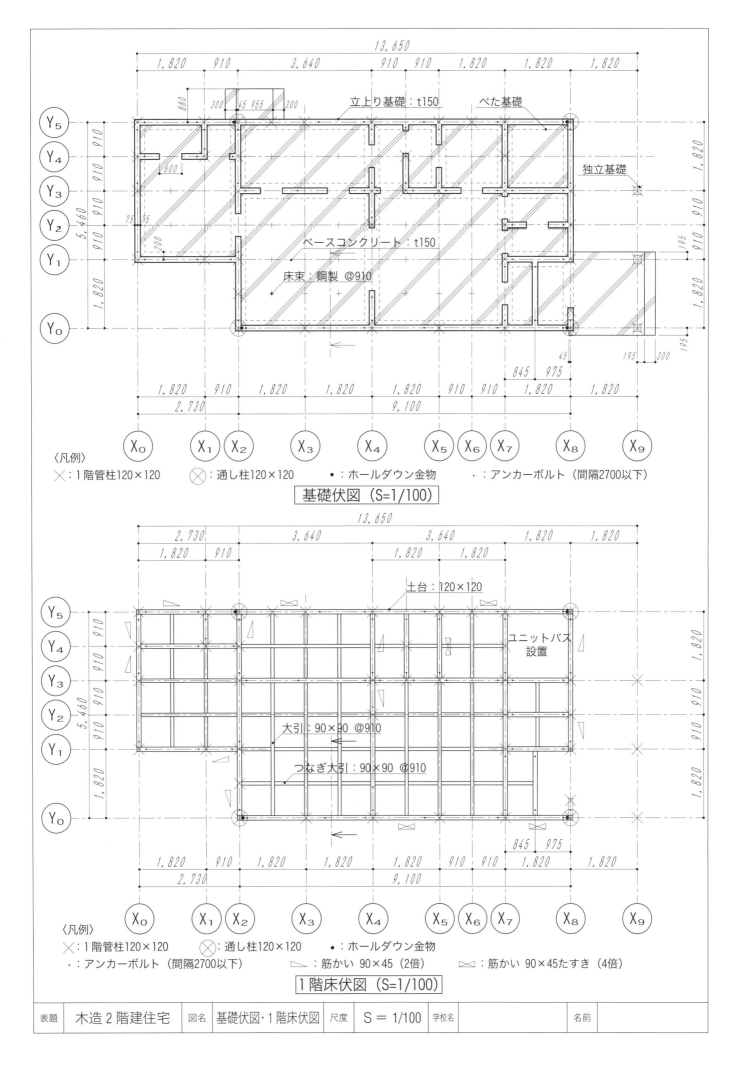

〈凡例〉
╳：1階管柱120×120　⊗：通し柱120×120　•：ホールダウン金物　・：アンカーボルト（間隔2700以下）

基礎伏図（S=1/100）

〈凡例〉
╳：1階管柱120×120　⊗：通し柱120×120　•：ホールダウン金物
・：アンカーボルト（間隔2700以下）　▷：筋かい 90×45（2倍）　⋈：筋かい 90×45たすき（4倍）

1階床伏図（S=1/100）

| 表題 | 木造2階建住宅 | 図名 | 基礎伏図・1階床伏図 | 尺度 | S = 1/100 | 学校名 | | 名前 | |

①2階床伏図には、根太、根太掛、きわ根太などは存在しないので、
　示しません（ただし、火打梁は場合によって記すこともある）。
②1階柱位置を「×」、2階柱位置を「□」、1階と2階が重なる
　管柱位置を「⊠」、通し柱位置を「⊗」で示します。
③筋かいの位置も記号「◁ ▷ ⋈」で示します。

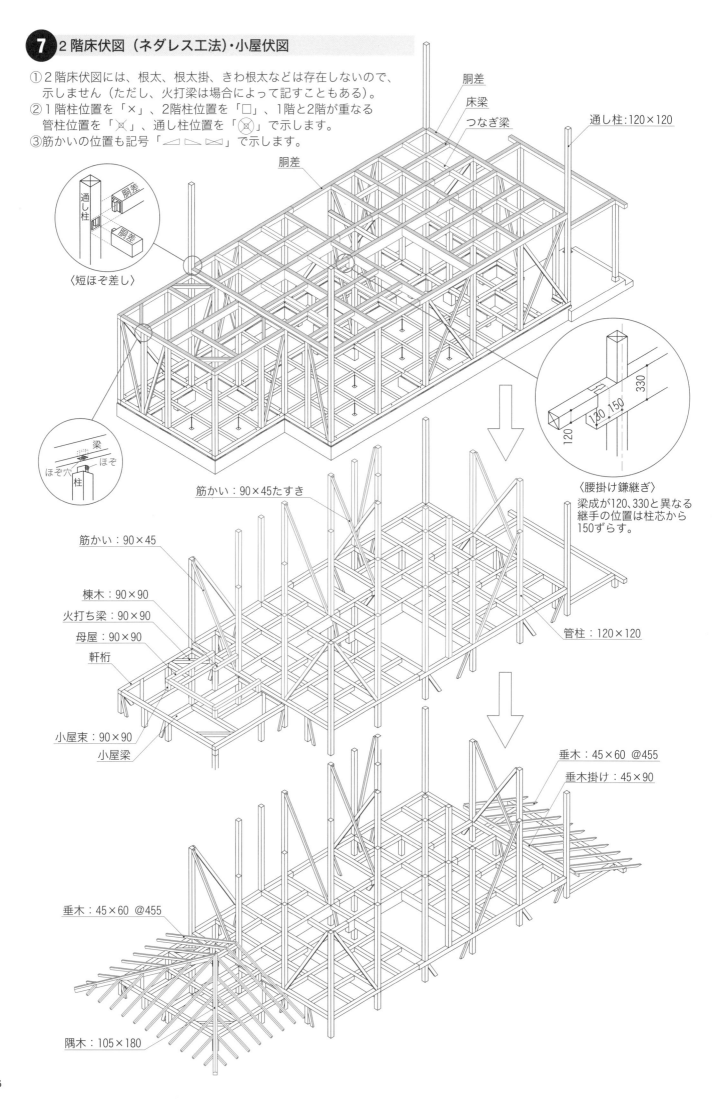

胴差
床梁
つなぎ梁
通し柱：120×120

胴差

〈短ほぞ差し〉
通し柱
胴差
胴差

梁
ほぞ
ほぞ穴
柱

330
120 150
120

〈腰掛け鎌継ぎ〉
梁成が120、330と異なる
継手の位置は柱芯から
150ずらす。

筋かい：90×45たすき

筋かい：90×45

棟木：90×90
火打ち梁：90×90
母屋：90×90
軒桁

小屋束：90×90
小屋梁

管柱：120×120

垂木：45×60 @455
垂木掛け：45×90

垂木：45×60 @455

隅木：105×180

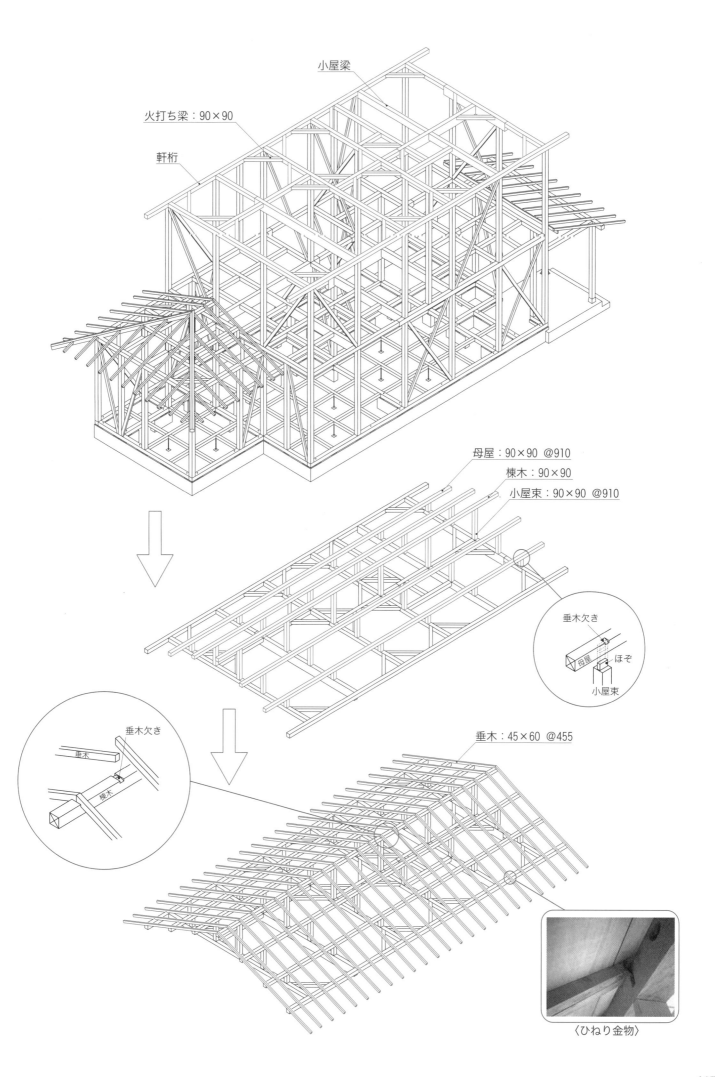

小屋梁

火打ち梁：90×90

軒桁

母屋：90×90 @910

棟木：90×90

小屋束：90×90 @910

垂木欠き

母屋

ほぞ

小屋束

垂木欠き

垂木

棟木

垂木：45×60 @455

〈ひねり金物〉

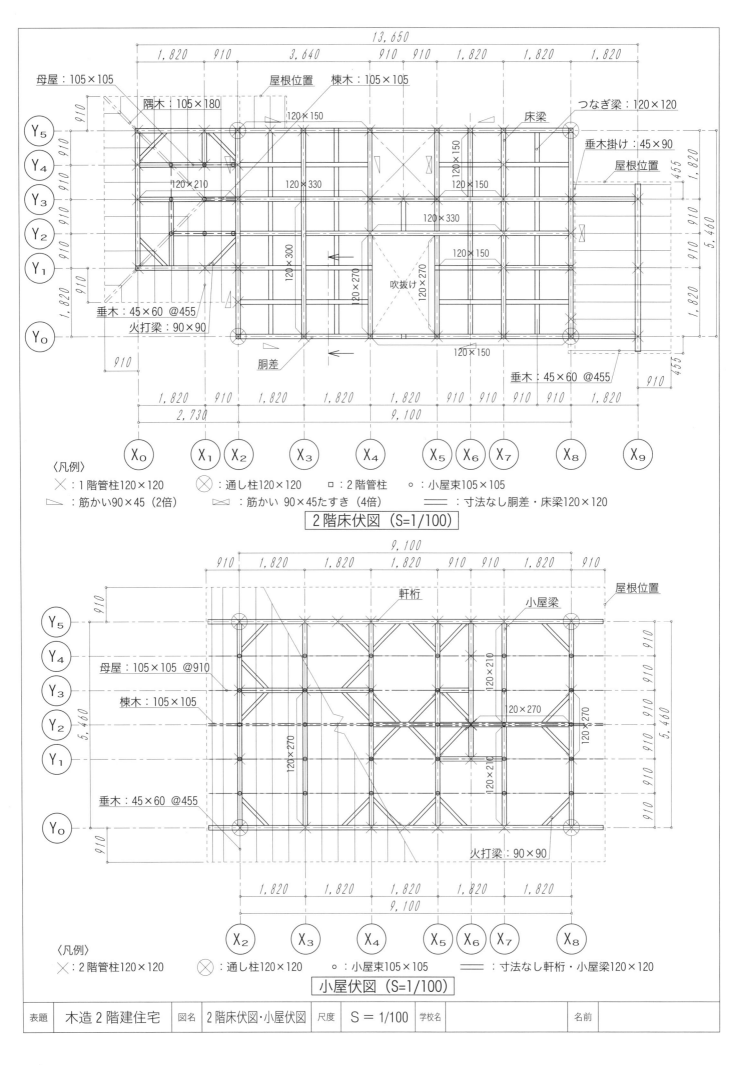

〈凡例〉

✕：1階管柱120×120 　⊗：通し柱120×120 　□：2階管柱 　○：小屋束105×105

▷：筋かい90×45（2倍）　⋈：筋かい 90×45たすき（4倍）　═══：寸法なし胴差・床梁120×120

2階床伏図　（S=1/100）

〈凡例〉

✕：2階管柱120×120 　⊗：通し柱120×120 　○：小屋束105×105 　═══：寸法なし軒桁・小屋梁120×120

小屋伏図　（S=1/100）

| 表題 | 木造2階建住宅 | 図名 | 2階床伏図・小屋伏図 | 尺度 | S = 1/100 | 学校名 | | 名前 | |

作図方法は、第3章「木造平家建図面の描き方」「13. 軸組図」p.92〜を参照してください。

2階建になっても、作図手順は変わりません。

なお、高さ関係については、「折図10」を参照してください。

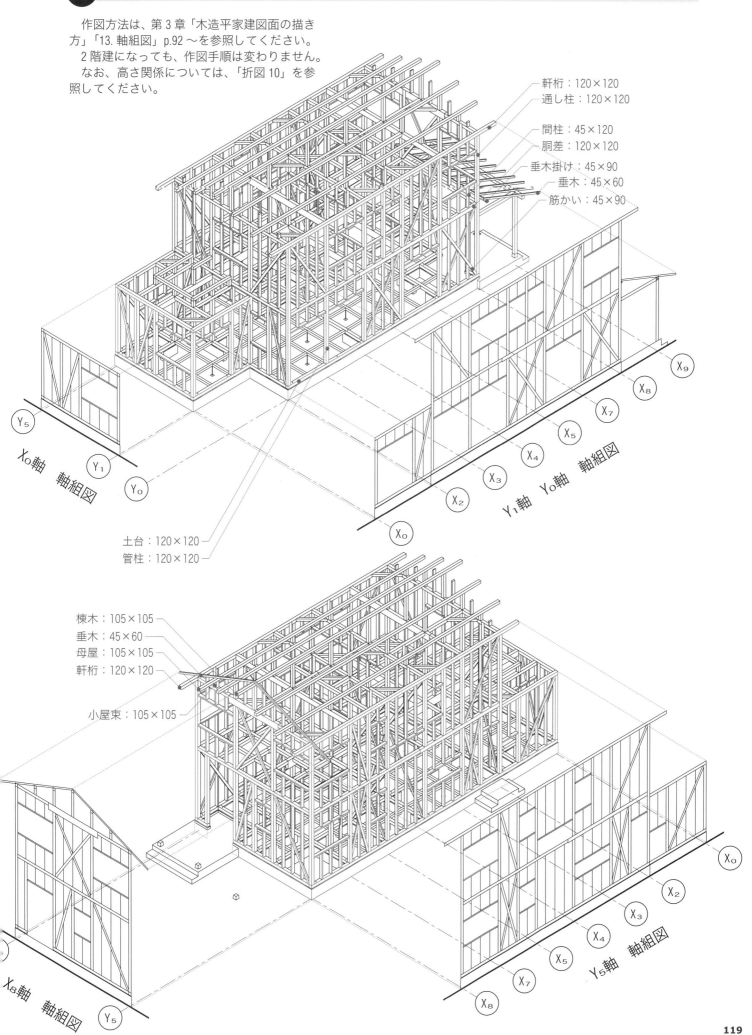

軒桁：120×120
通し柱：120×120
間柱：45×120
胴差：120×120
垂木掛け：45×90
垂木：45×60
筋かい：45×90

X_9
X_8
X_7
X_5
X_4
X_3
X_2
X_0

Y_5
Y_1
Y_0

X_0軸　軸組図

Y_1軸　Y_0軸　軸組図

土台：120×120
管柱：120×120

棟木：105×105
垂木：45×60
母屋：105×105
軒桁：120×120
小屋束：105×105

X_0
X_2
X_3
X_4
X_5
X_7
X_8

Y_5

Y_5軸　軸組図

X_8軸　軸組図

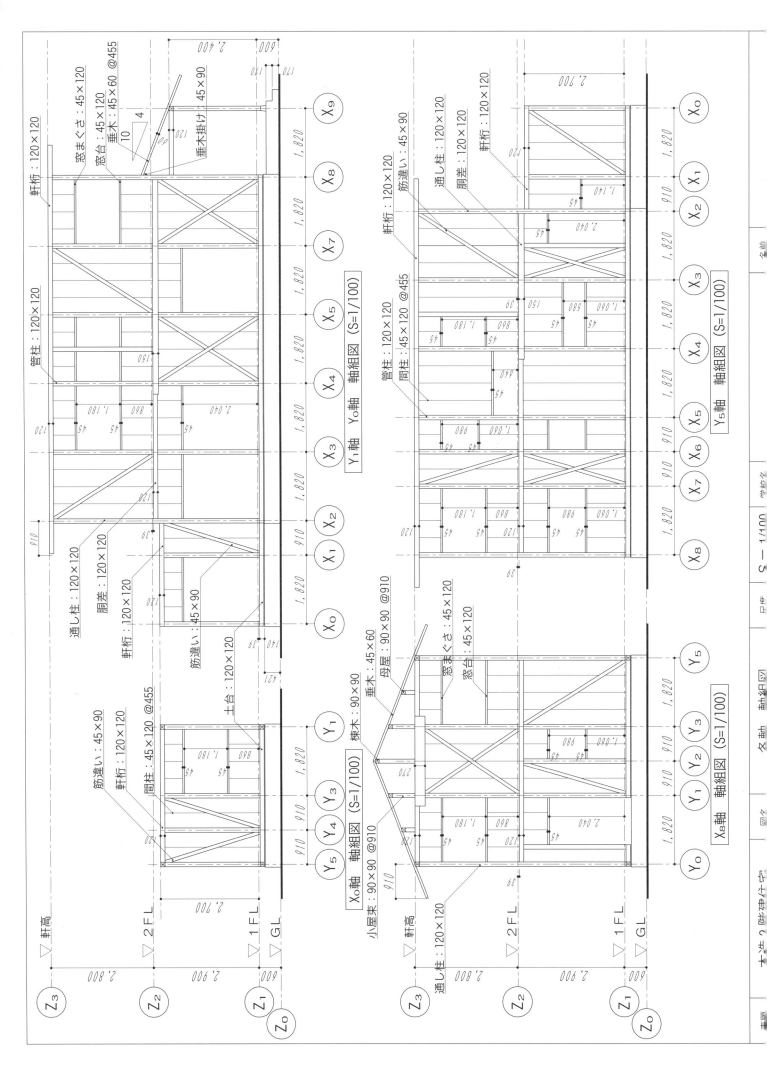

本章では、鉄筋コンクリート造の主要な図面を作図します。

取り上げた鉄筋コンクリート造2階建事務所建築物は、柱・壁・梁の位置関係によって、外壁の見え方が変わることを練習課題で理解していただくために、あえて東西南北の外壁の柱・壁・梁の関係をすべて変えて、見え方が異なるようになっています。よって、実際にこのような建築物が建てられることはおそらくないことをご理解下さい。

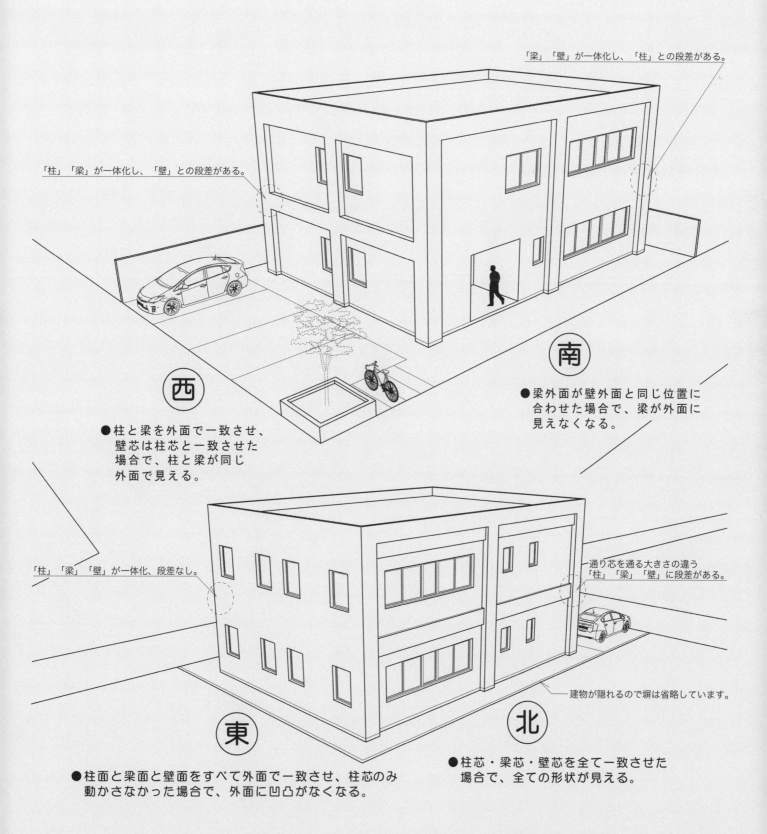

「梁」「壁」が一体化し、「柱」との段差がある。

「柱」「梁」が一体化し、「壁」との段差がある。

㊄ 西

● 柱と梁を外面で一致させ、壁芯は柱芯と一致させた場合で、柱と梁が同じ外面で見える。

南

● 梁外面が壁外面と同じ位置に合わせた場合で、梁が外面に見えなくなる。

「柱」「梁」「壁」が一体化、段差なし。

通り芯を通る大きさの違う「柱」「梁」「壁」に段差がある。

建物が隠れるので塀は省略しています。

東

北

● 柱面と梁面と壁面をすべて外面で一致させ、柱芯のみ動かさなかった場合で、外面に凹凸がなくなる。

● 柱芯・梁芯・壁芯を全て一致させた場合で、全ての形状が見える。

①鉄筋コンクリート造（RC造）は、**ラーメン構造**と**壁式構造**に分かれますが、本書では、**ラーメン構造**の作図例を元に学習します。

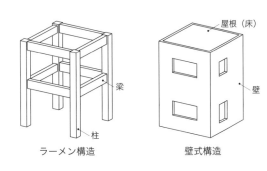

ラーメン構造

壁式構造

屋根（床）

梁

柱

壁

▶**ラーメン構造**

　柱と梁で全体を支えます。柱の間隔を比較的自由に設定できるので、広い空間を作るのに適しています。

▶**壁式構造**

　壁と床や屋根で建物全体を支えます。構造的には、壁と屋根や床だけというシンプルで合理的な作りになりますが、壁同士の間隔に制限があるので、あまり大きな空間は作ることができません。

②RC造の平面図は、木造と同様、建築物の各階の床上から1〜1.5mくらいのところで水平に切断し、真上から下を見た様子を作図したものです。

③長さの基準は、メートル法を使うことが多く、1mをベースとして作図します。

④縮尺は、建築物の規模によって使い分けますが、本書では2級建築士試験で出題される1/100の図面表現で学習することとします。

⑤線の使い分けは「3章 木造図面の描き方」（p.26）を参考にしてください。

◎作図手順は以下のとおりです。演習課題は、折図11を参照してください。

作図手順1

①外壁及び柱の通り芯（中心線）の下書き線を全体のレイアウト（配置）を考慮しながら、**極細線**で描く。

②内部の間仕切り壁の通り芯（中心線）の下書き線を**極細線**で描く。

③柱線の下書き線を極細線で描く。柱の大きさは、700mm × 700mmとし、通り芯から350mmずつ振り分ける。

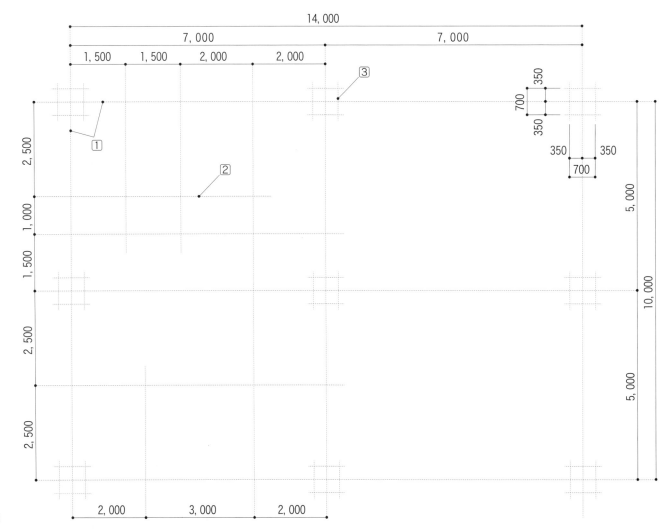

作図手順2

① 壁線（壁厚150mm）の下書き線を**極細線**で描く。

② 開口部の位置の下書き線を**極細線**で描く。

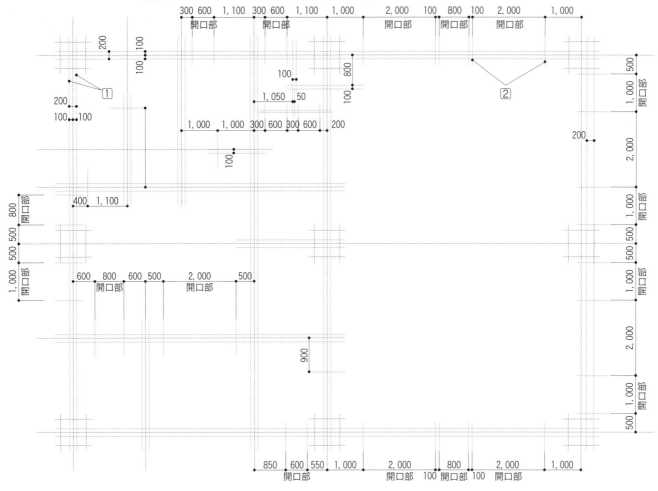

作図手順3

① 柱線、壁線の仕上げ線を**極太線の実線**で描く。

② 開口部の仕上げ線を**極太線の実線**及び**細線の実線**で描く。

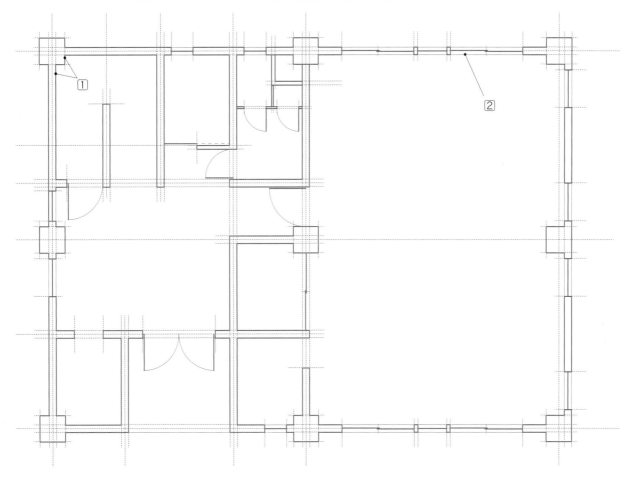

①階段や設備機器などを**細線の実線**で描く。　②換気扇記号を明記する。

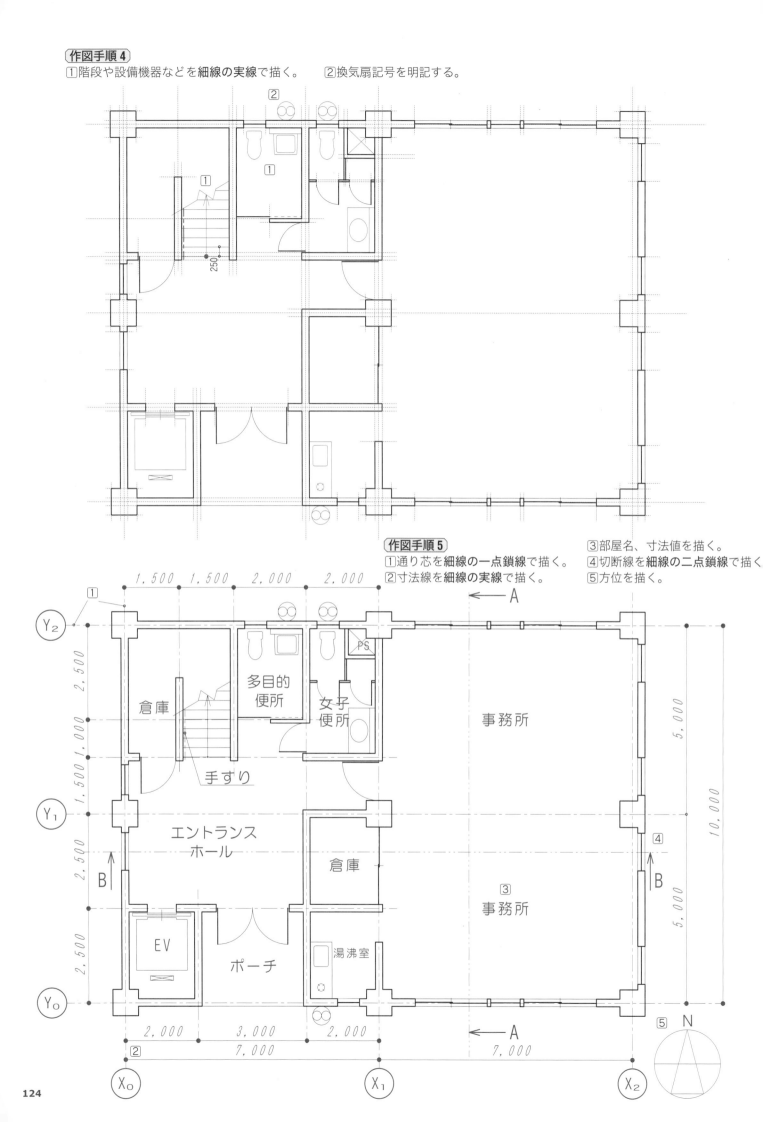

作図手順5

①通り芯を**細線の一点鎖線**で描く。　③部屋名、寸法値を描く。
②寸法線を**細線の実線**で描く。　④切断線を**細線の二点鎖線**で描く。
⑤方位を描く。

倉庫

多目的便所

女子便所

事務所

エントランスホール

手すり

倉庫

EV

ポーチ

湯沸室

事務所

PS

作図手順 1

①壁及び柱、梁の通り芯（中心線）の下書き線を全体のレイアウト（配置）を考慮しながら、**極細線**で描く（壁及び柱の通り芯（中心線）は平面図を利用し、線を延長すると図面間の整合性がうまくいく）。

②GL、1SL、2SL、RSL の下書き線を**極細線**で描く。

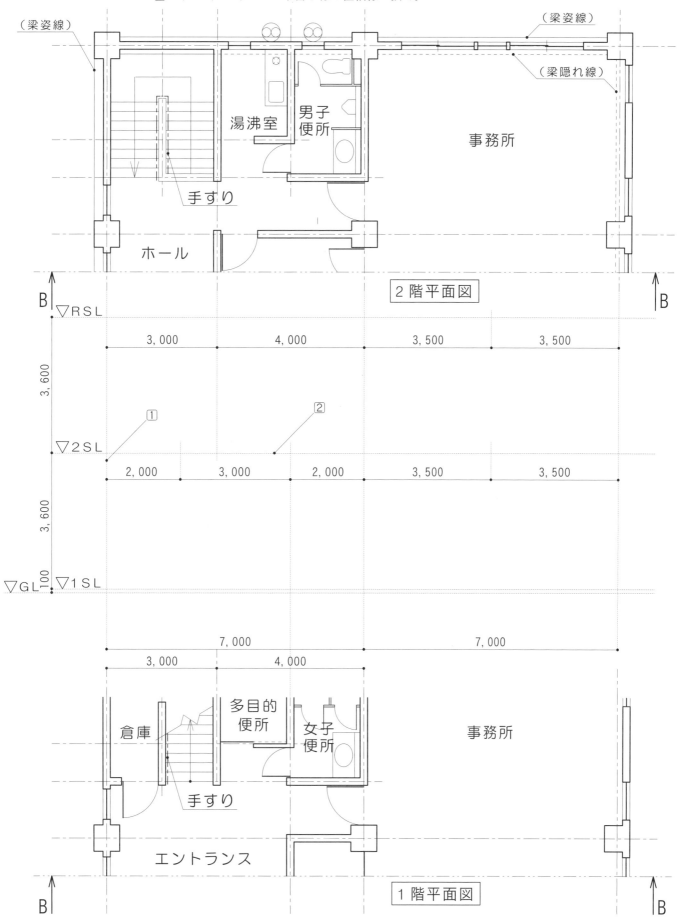

125

①壁線及び柱線、梁線、基礎線の下書き線を**極細線**で描く（壁線及び柱線は平面図を利用し、
　線を延長すると図面間の整合性がうまくいく）。
②床線及びパラペットの下書き線を**極細線**で描く。
③開口部、天井の高さの下書き線を**極細線**で描く。

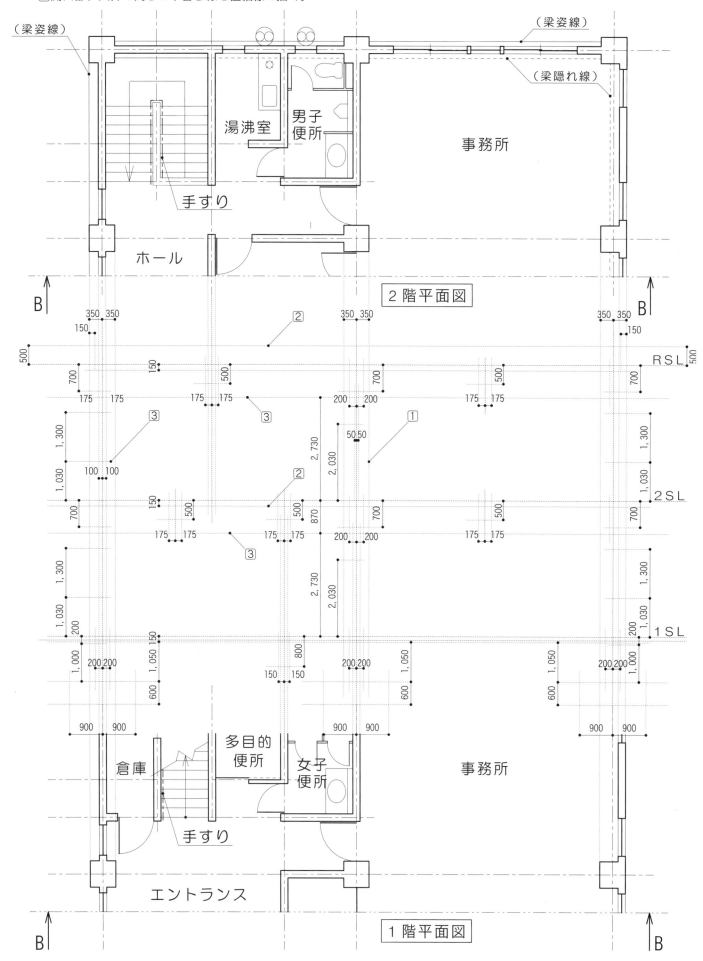

（梁姿線）

（梁姿線）

（梁隠れ線）

湯沸室

男子
便所

事務所

手すり

ホール

2 階平面図

B

B

RSL

2SL

1SL

倉庫

多目的
便所

女子
便所

事務所

手すり

エントランス

1 階平面図

B

B

作図手順3

1. 壁線、床線、梁線、天井線の断面線を**極太線の実線**で描く。
2. 柱線、基礎線の姿線を**細線の実線**で描く。
3. 開口部の断面線を**極太線の実線、細線の実線**で描く。
4. 開口部、階段の姿線を、平面図から**極細線**で位置を延長させて描く。
5. SL（スラブ天端）より30mm上へ、FL（フロア天端）を**太線の実線**で描く。

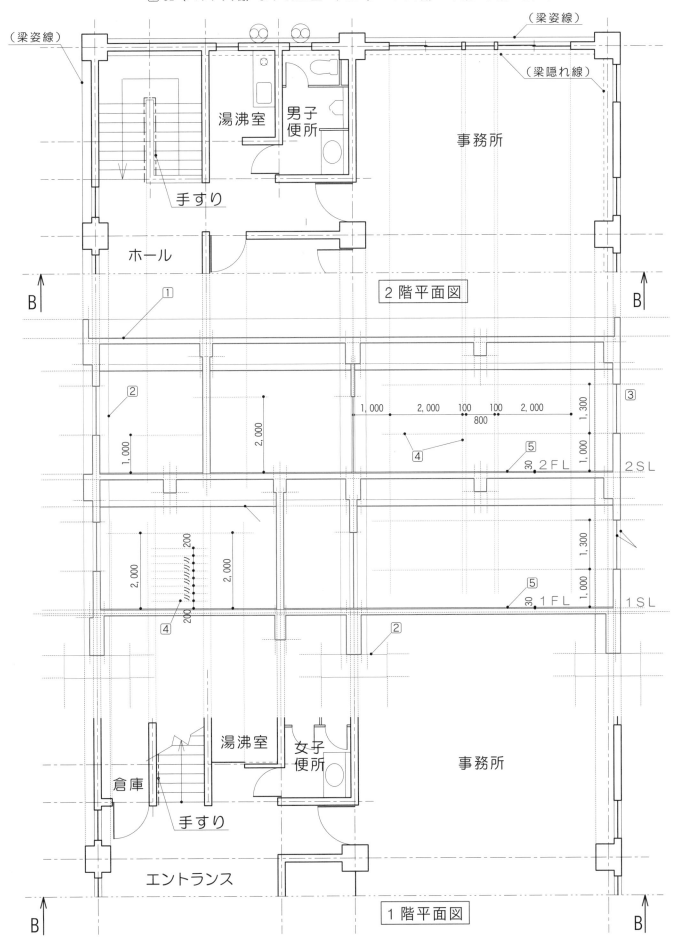

（梁姿線）

（梁姿線）

（梁隠れ線）

湯沸室

男子便所

事務所

手すり

ホール

2階平面図

B

B

① ② ③ ④ ⑤

1,000　2,000　100　100　2,000
800

1,300

1,000

30　2FL　2SL

2,000

2,000

200

200

1,300

1,000

30　1FL　1SL

倉庫

湯沸室

女子便所

事務所

手すり

エントランス

1階平面図

B

B

127

①開口部、階段の姿線を**細線の実線**で描く。

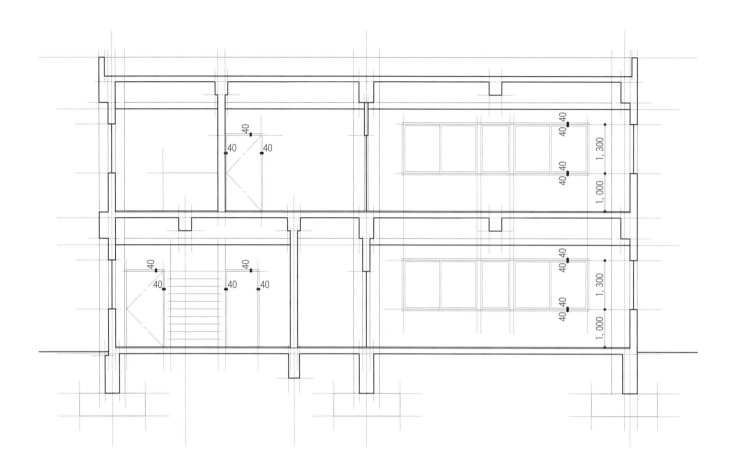

作図手順5

①通り芯を**細線の一点鎖線**で描く。　　②寸法線を**細線の実線**で描く。
　　　　　　　　　　　　　　　　　　　③部屋名、寸法を描く。

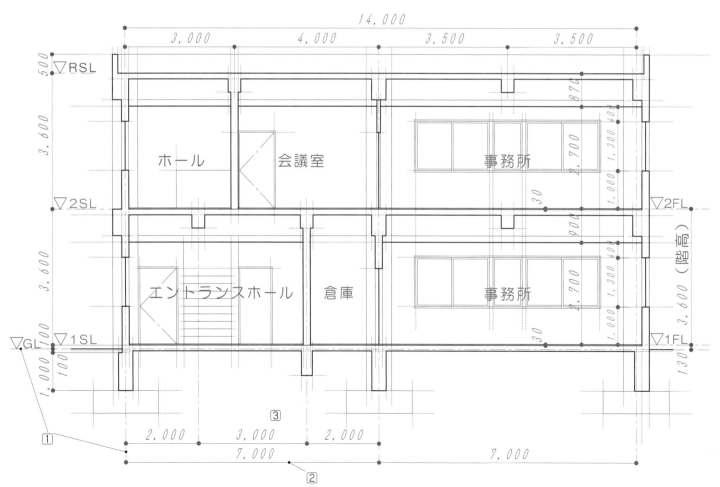

・各立面図は、平面図と断面図で位置関係を確認しながら作図する。

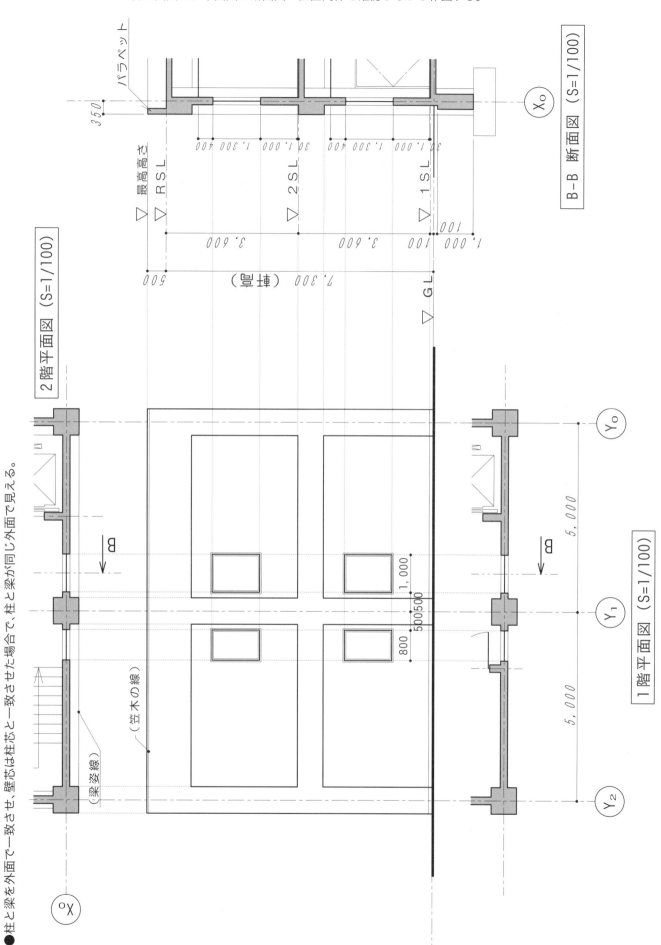

▶ 西立面図の描き方

●柱と梁を外面で一致させ、壁芯は柱芯と一致させた場合で、柱と梁が同じ外面で見える。

2 階平面図 （S=1/100）

1 階平面図 （S=1/100）

B-B 断面図 （S=1/100）

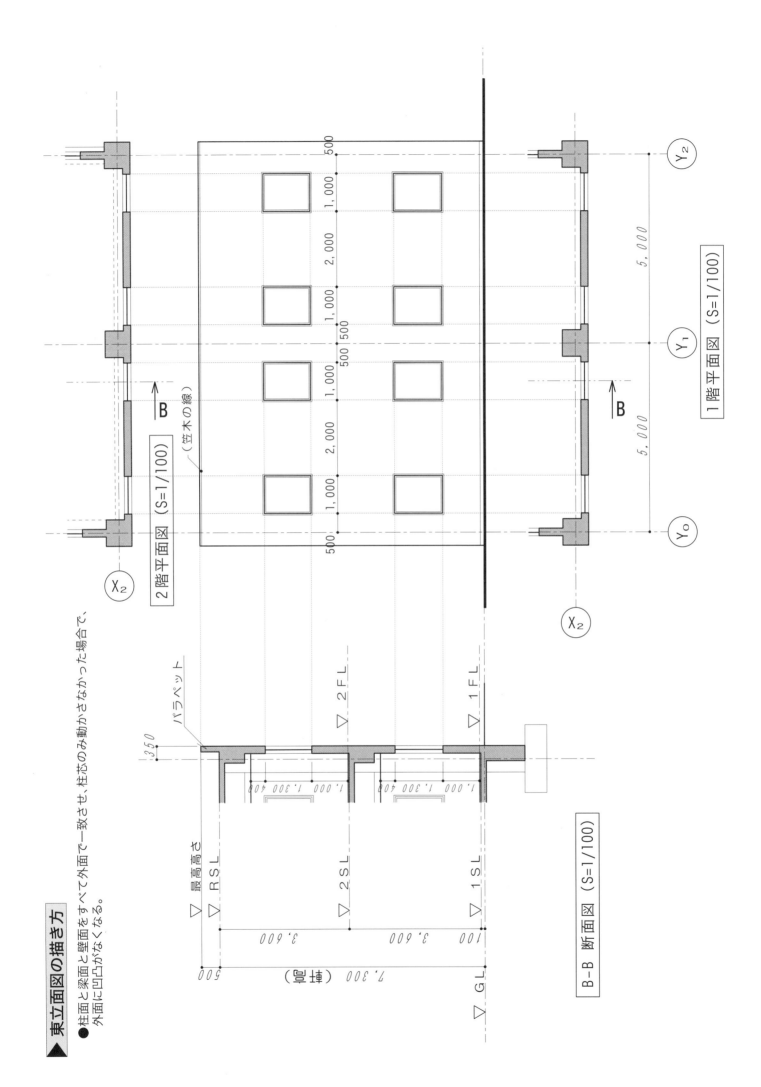

▲ 東立面図の描き方

● 柱面と梁面と壁面をすべて外面で一致させ、柱芯のみ動かさなかった場合で、外面に凹凸がなくなる。

2階平面図 (S=1/100)

（笠木の線）

1階平面図 (S=1/100)

B-B 断面図 (S=1/100)

パラペット

▽ 最高高さ
▽ RSL
▽ 2FL
▽ 2SL
▽ 1FL
▽ 1SL
▽ GL

350
500
3,600
3,600
100
7,300 (軒高)

1,000 1,300 400
1,000 1,300 400

▶ **北立面図の描き方**

● 柱芯・梁芯・壁芯を全て一致させた場合で、全ての形状が見える。

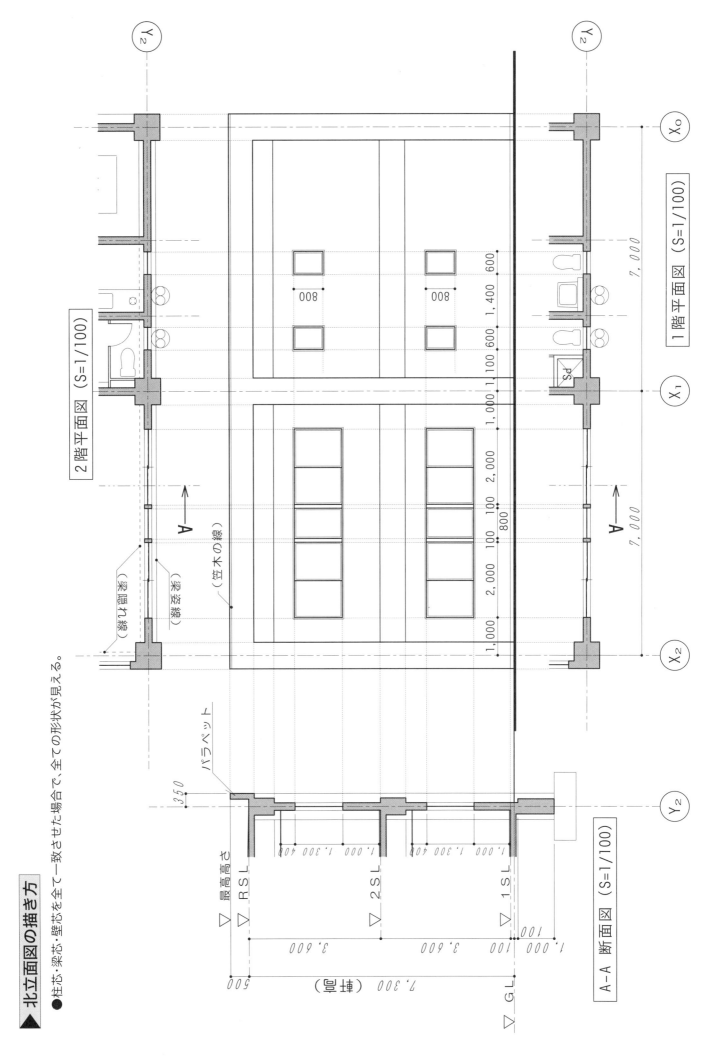

1階平面図（S=1/100）

2階平面図（S=1/100）

A-A 断面図（S=1/100）

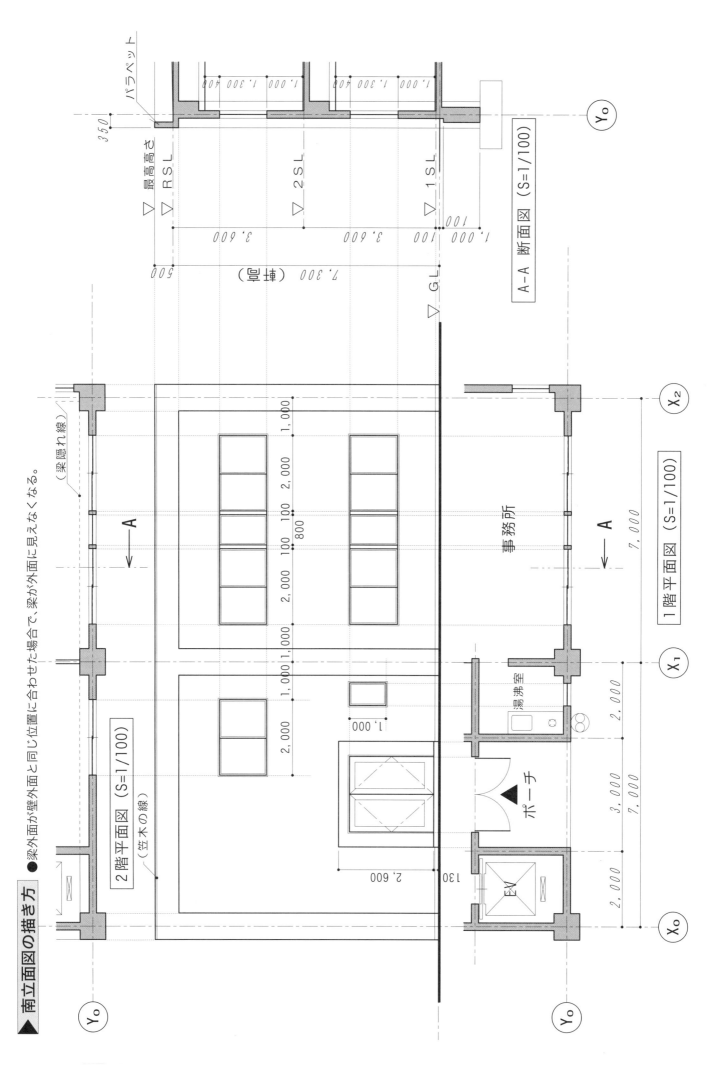

▲ 南立面図の描き方 ● 梁外面が壁外面と同じ位置に合わせた場合で、梁が外面に見えなくなる。

A-A 断面図 （S=1/100）

1階平面図 （S=1/100）

2階平面図 （S=1/100）

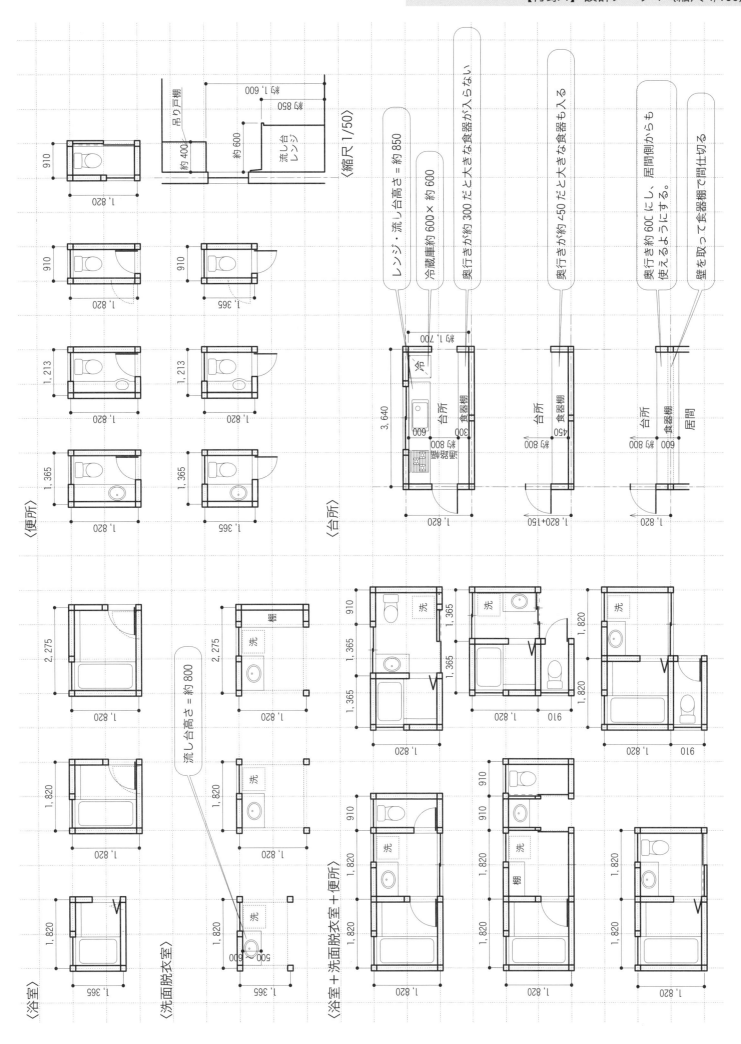

〈縮尺 1/50〉

〈便所〉

〈台所〉

レンジ・流し台高さ＝約 850

冷蔵庫 約 600 × 約 600

奥行きが約 300 だと大きな食器が入らない

奥行きが約 450 だと大きな食器も入る

奥行きを約 600 にし、居間側からも使えるようにする。

壁を取って食器棚で間仕切る

〈浴室〉

〈洗面脱衣室〉

流し台高さ＝約 800

〈浴室＋洗面脱衣室＋便所〉

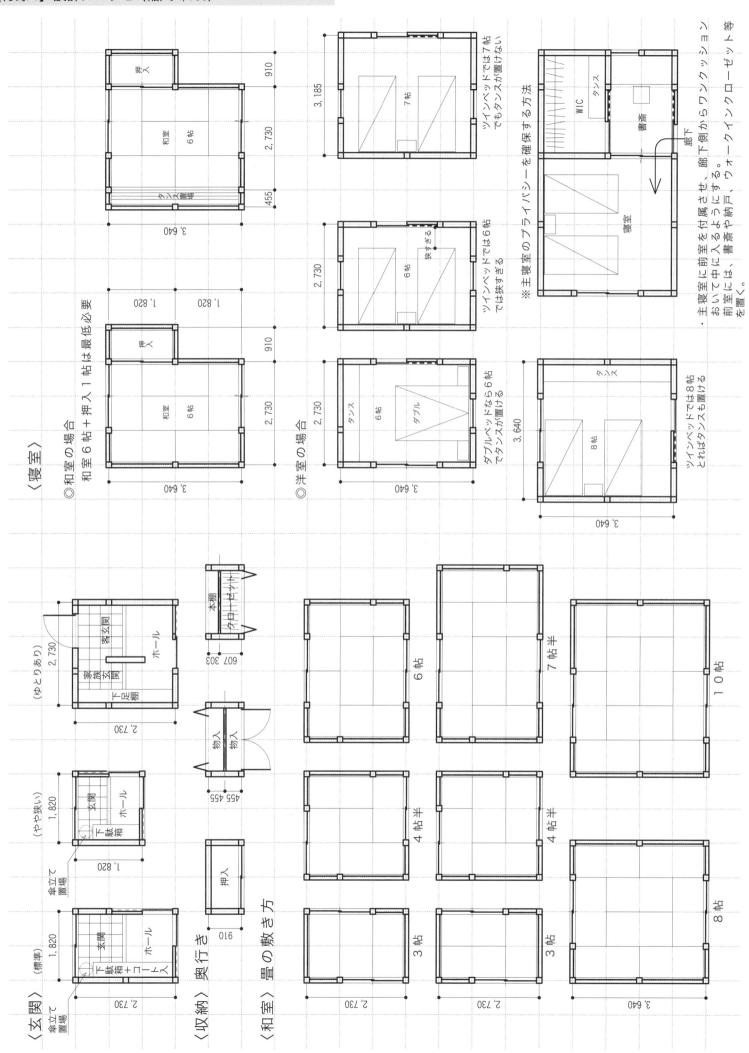

建築物の面積及び建ぺい率・容積率

敷 地 面 積	一般に、1棟の建築物が建っている土地の面積のことです。 　ただし、図のような敷地が4m未満の道路に接している場合は、その道路の中心線から2mの位置を道路と敷地の境界線とみなしますので、斜線部分は敷地面積に算入できません。	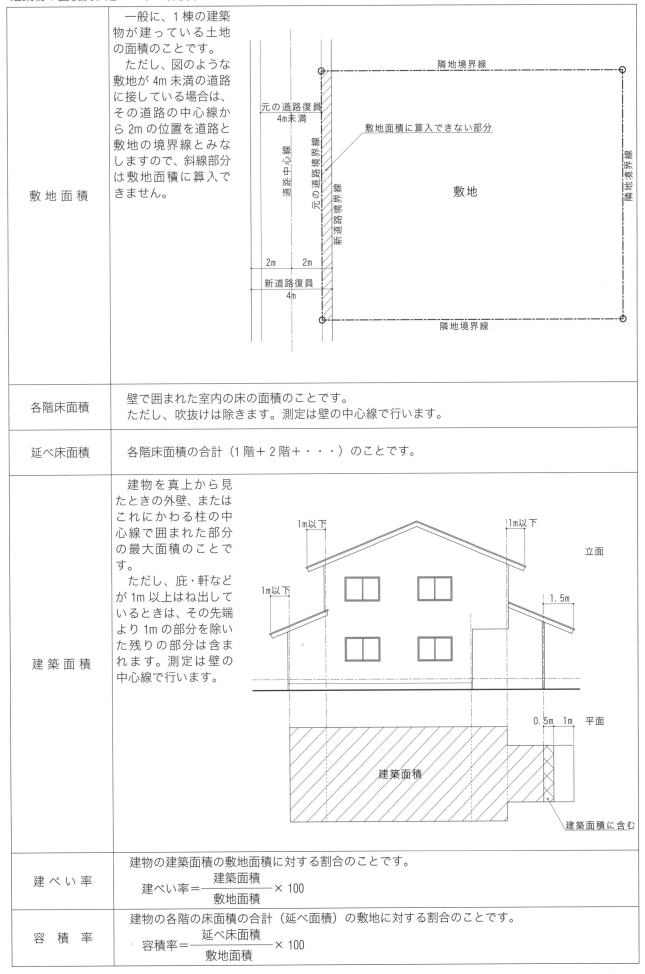
各階床面積	壁で囲まれた室内の床の面積のことです。 ただし、吹抜けは除きます。測定は壁の中心線で行います。	
延べ床面積	各階床面積の合計（1階＋2階＋・・・）のことです。	
建 築 面 積	建物を真上から見たときの外壁、またはこれにかわる柱の中心線で囲まれた部分の最大面積のことです。 　ただし、庇・軒などが1m以上はね出しているときは、その先端より1mの部分を除いた残りの部分は含まれます。測定は壁の中心線で行います。	
建 ぺ い 率	建物の建築面積の敷地面積に対する割合のことです。 $$建ぺい率 = \frac{建築面積}{敷地面積} \times 100$$	
容 積 率	建物の各階の床面積の合計（延べ面積）の敷地に対する割合のことです。 $$容積率 = \frac{延べ床面積}{敷地面積} \times 100$$	

【例題】

下図に示す木造2階建住宅（折図14参照）を例に建築物の面積算定を行います。

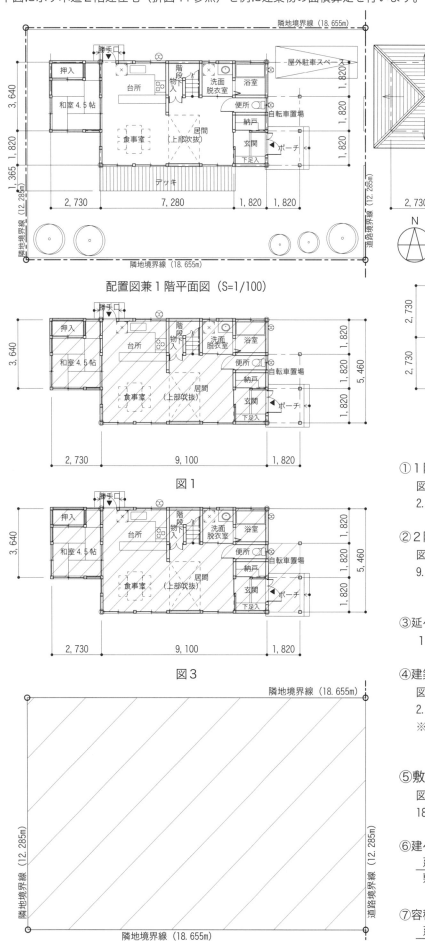

配置図兼1階平面図（S=1/100）

図1

図3

図4

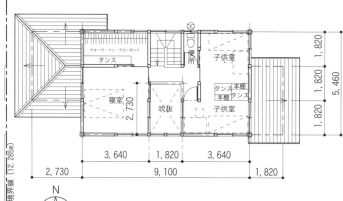

2階平面図（S=1/100）

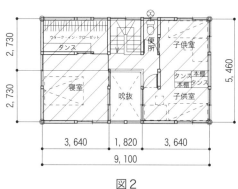

図2

① 1階床面積の算定

図1より、

2.73m×3.64m＋9.1m×5.46m≒59.62㎡

② 2階床面積の算定

図2より、

9.1m×5.46m－1.82×2.73≒44.72㎡

※吹抜は床面積に含まない

③ 延べ床面積の算定

1階床面積＋2階床面積＝59.62＋44.72＝104.34㎡

④ 建築面積の算定

図3より、

2.73m×3.64m＋9.1m×5.46m＋1.82×3.64≒66.25㎡

※壁はないが柱で囲まれている「自転車置場」
「ポーチ」は建築面積に含まれる。

⑤ 敷地面積の算定

図4より、

18.655m×12.285m≒229.18㎡

⑥ 建ぺい率の算定

$$\frac{建築面積}{敷地面積}×100＝\frac{66.25}{229.18}×100≒28.91\%$$

⑦ 容積率の算定

$$\frac{延べ床面積}{敷地面積}×100＝\frac{104.34}{229.18}×100≒45.53\%$$

ここでは、3章で作図する「木造平家建住宅」の模型を製作します。

できれば、模型を先に製作し、立体を理解しながら図面を描くことをオススメします。

▼必要な道具と材料

カッティングマット、カッター、スチのり（木工ボンドでも可）、スプレーのり、定規、スチレンボード3mm、5mm、新聞紙など

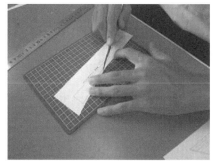

①カッティングマットの上で、模型の型紙の各パーツを切取り線よりひと回り大きめにカッターで切断する。

②新聞紙の上に、切断した各パーツを裏向きに並べ、スプレーのりを噴霧する。

③各パーツをスチレンボード3mm、5mmに貼り付けたあと、切取り線にあわせて、カッターで丁寧に切断する。

④外壁のパーツは角が交差するため、どちらかを内側からスチレンボードの厚さ3mm分切り落とす。

⑤ただし、小口を見せないようにするために、表面の紙一枚分残す。

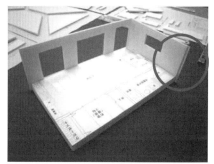

⑥床のスチレンボード5mmをスチのりで2枚重ねに接着後、外壁を側面に貼っていく（写真の丸部に注意）。

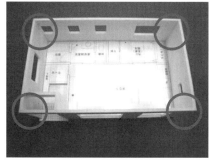

⑦外壁のスチレンボード完成。特に、外壁角の小口がうまく隠れているかがポイント。

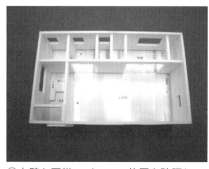

⑧内壁も同様、パーツの位置を確認しながらスチのりで接着する。

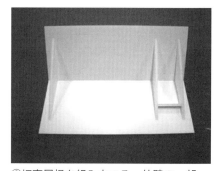

⑨切妻屋根を組み立てる。外壁の一部（三角のパーツ）が、本体の外壁の位置と一致するように接着する。

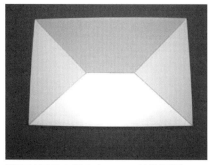

⑩寄棟屋根を組み立てる。接着面が傾斜しているので微調整する。

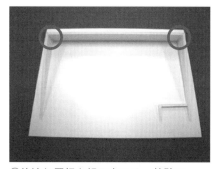

⑪片流れ屋根を組み立てる。外壁の一部が、本体の外壁の位置と一致するように接着する。角の処理注意。

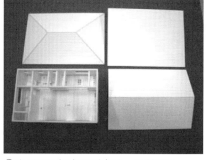

⑫すべての組立てが完了。3種類の屋根を交換することによる建物の外観の変化を確認。

模型 型紙

※模型の型紙はすべて、本からコピーしてお使いください。

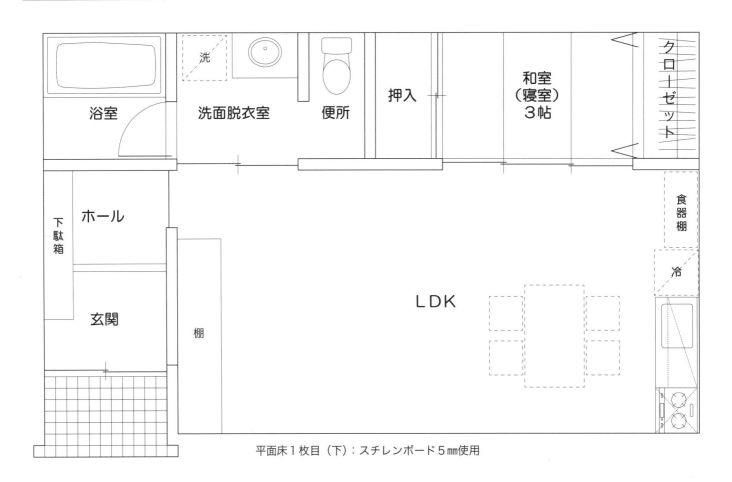

平面床1枚目（下）：スチレンボード5mm使用

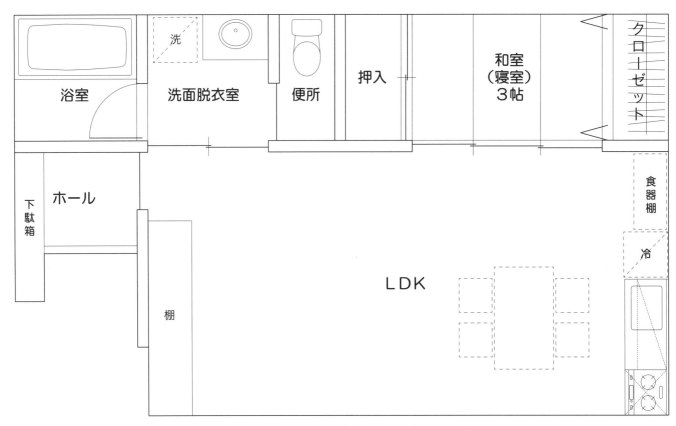

平面床2枚目（上）：スチレンボード5mm使用

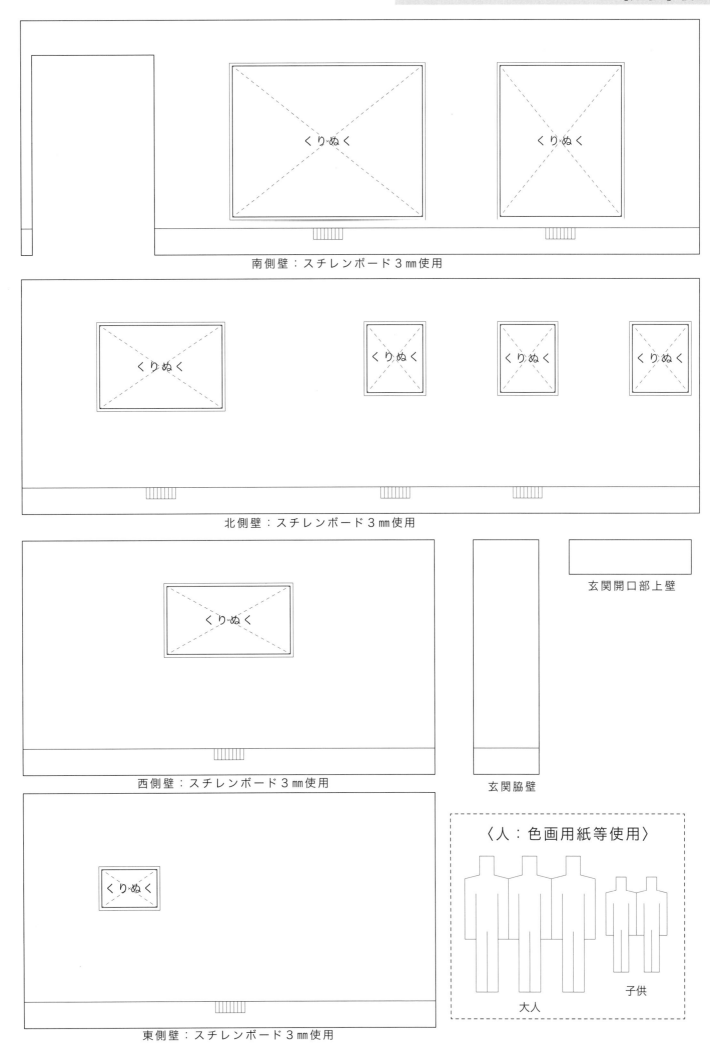

南側壁：スチレンボード 3 mm 使用

北側壁：スチレンボード 3 mm 使用

西側壁：スチレンボード 3 mm 使用

玄関脇壁

玄関開口部上壁

〈人：色画用紙等使用〉

大人　子供

東側壁：スチレンボード 3 mm 使用

▶ 内部の間仕切壁：スチレンボード３㎜使用

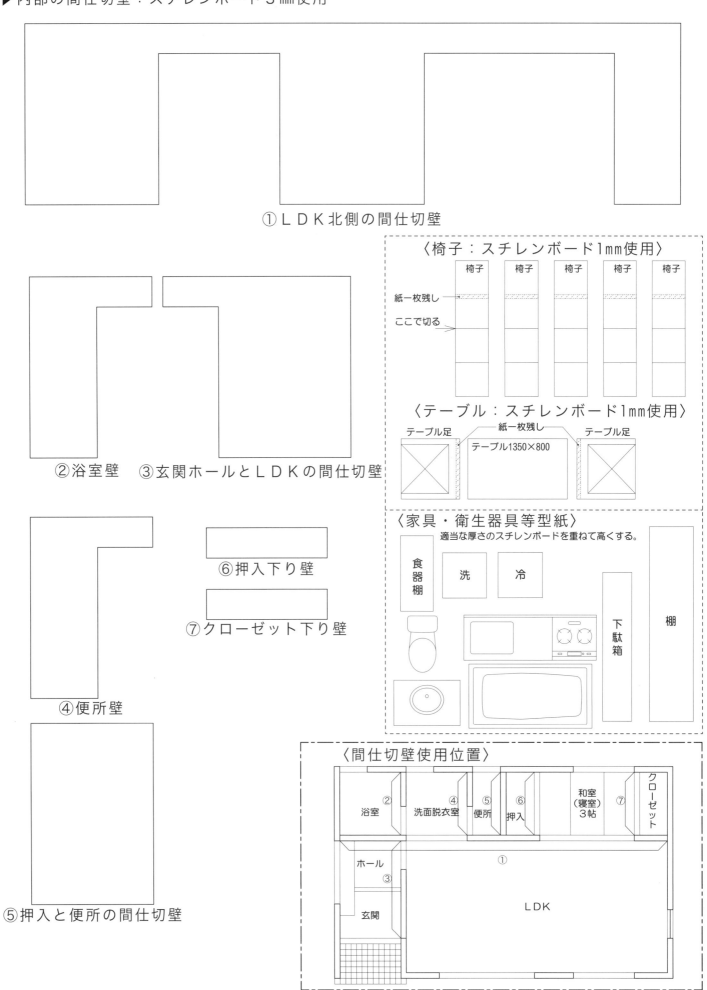

① ＬＤＫ北側の間仕切壁

② 浴室壁　　③ 玄関ホールとＬＤＫの間仕切壁

④ 便所壁

⑤ 押入と便所の間仕切壁

⑥ 押入下り壁

⑦ クローゼット下り壁

〈椅子：スチレンボード1mm使用〉

紙一枚残し
ここで切る

椅子　椅子　椅子　椅子　椅子

〈テーブル：スチレンボード1mm使用〉

テーブル足　紙一枚残し　テーブル足
テーブル1350×800

〈家具・衛生器具等型紙〉
適当な厚さのスチレンボードを重ねて高くする。

食器棚　洗　冷　下駄箱　棚

〈間仕切壁使用位置〉

浴室　②　洗面脱衣室　④　⑤　便所　⑥　押入　和室（寝室）3帖　⑦　クローゼット

ホール　①
③
玄関　ＬＤＫ

▶ 切妻屋根の模型型紙

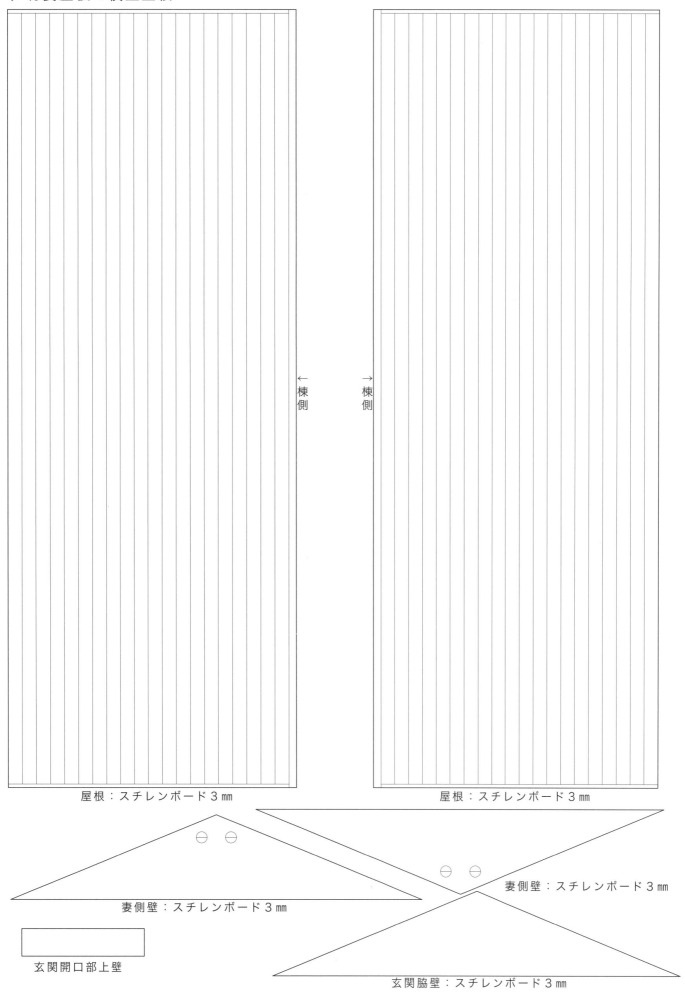

屋根：スチレンボード3㎜

屋根：スチレンボード3㎜

←棟側

→棟側

妻側壁：スチレンボード3㎜

妻側壁：スチレンボード3㎜

玄関開口部上壁

玄関脇壁：スチレンボード3㎜

▶ 寄棟屋根の模型型紙

屋根：スチレンボード3㎜

▶ 片流れ屋根の模型型紙

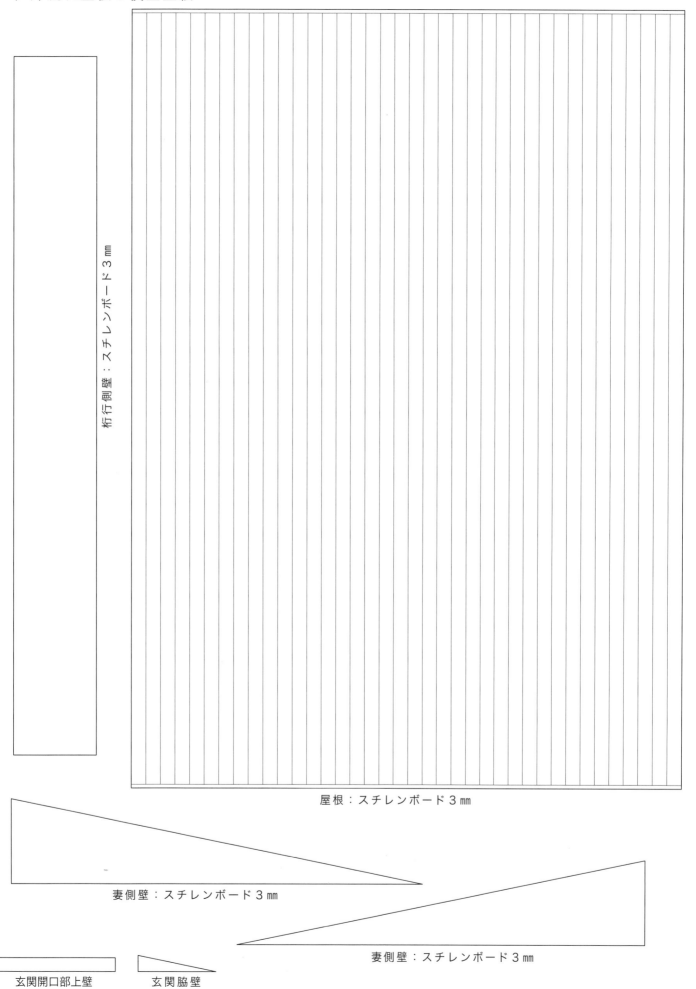

桁行側壁：スチレンボード３㎜

屋根：スチレンボード３㎜

妻側壁：スチレンボード３㎜

妻側壁：スチレンボード３㎜

玄関開口部上壁

玄関脇壁

◆ 完成した模型

▲木造平家建住宅模型（切妻屋根）

▲木造平家建住宅模型（切妻屋根）

▲木造平家建住宅模型（寄棟屋根）

▲木造平家建住宅模型（片流れ屋根）

あとがき

　本書は、わたしが 2000 年度から勤務していた山梨県立甲府工業高等学校建築科の「建築製図」の授業で実際に使っていた自作教材を参考に、書籍用にアレンジして作成したものです。建築初心者の高校生に接するなか、どうすれば、理解しながら無理なく建築図面が描けるようになるか、幾度もの試行錯誤を繰り返し、改善に改善を重ねて生まれた内容で構成されています。

　ここに辿りつくまでには、所属している「東日本建築教育研究会・製図分科会」での研究テーマにおける取組みにも、大きな影響を受けました。分科会の所属メンバーひとりひとりに、深く感謝申し上げたいと思います。

　また、本書に掲載している模型を実際に作ってくれた、元勤務校建築科生徒の清水大祐君にも深く感謝申し上げます。

　今回の大幅改訂にあたり、その後に勤務した定時制建築科や日本工学院八王子専門学校建築学科、現在の甲府工業高校専攻科（夜間制）建築科などでの教材研究が活かせています。最後になりますが、これまで私と関わってくださった多くの方々に感謝申し上げます。

2023 年 11 月
櫻井 良明

【著者】

櫻井 良明（Sakurai Yoshiaki）
一級建築士、一級建築施工管理技士、一級土木施工管理技士
1963年大阪生まれ
1986年福井大学工学部建設工学科卒業、設計事務所、ゼネコン勤務、山梨県立甲府工業高等学校建築科教諭、日本工学院八王子専門学校テクノロジーカレッジ建築設計科・建築設計科教員などを経て、山梨県立甲府工業高等学校専攻科（夜間制）建築科教諭。
著　書　『いちばんわかる建築製図入門』
　　　　『高校生から始めるJw_cad土木製図入門［Jw_cad8.10b対応］』
　　　　『Jw_cadでかんたんにつくれる建築模型』
　　　　『Jw_cadで学ぶ建築製図の基本［Jw_cad8対応版］』
　　　　『高校生から始めるJw_cad建築製図入門［Jw_cad8対応版］』
　　　　『高校生から始めるJw_cad建築プレゼン入門［Jw_cad8対応版］』
　　　　『高校生から始めるJw_cad建築構造図入門』
　　　　『高校生から始めるJw_cad製図超入門［Jw_cad8対応版］』
　　　　『高校生から始めるJw_cad建築製図入門［RC造編］［Jw_cad8対応版］』
　　　　『Jw_cad建築施工図入門［Jw_cad8対応版］』
　　　　『Jw_cad建築詳細図入門』
　　　　『高校生から始めるSketchUp 木造軸組入門』
　　　　『Jw_cad基本作図ドリル［Jw_cad8対応版］』、以上エクスナレッジ
　　　　『できるJw_cad8パーフェクトブック 困った！＆便利ワザ大全』インプレス
　　　　『図解 建築小事典』共著、オーム社
　　　　『新版建築実習1』共著、実教出版

ホームページ　建築学習資料館　http://ags.gozaru.jp/
ブログ　　　　建築のウンチク話　http://agsgozaru.jugem.jp/

【編者】

わかる建築製図研究会
建築初学者が「建築製図」を楽しみながら、基礎基本をしっかり理解できる教材を提供することを目的として発足した研究会。「建築は楽しい！」と感じてもらうお手伝いをするため、日々教材研究を精進しています。

改訂版　建築製図　基本の基本

2023 年 11 月 20 日　第 1 版第 1 刷発行

著　者　櫻井 良明
編　者　わかる建築製図研究会

発行者　井口 夏実
発行所　㈱ 学芸出版社
　　　　京都市下京区木津屋橋通西洞院東入　〒 600-8216
　　　　tel 075-343-0811　　　fax 075-343-0810
　　　　http://www.gakugei-pub.jp　E-mail info@gakugei-pub.jp
　　　　編集担当　中木保代

　　　　DTP　村角洋一デザイン事務所
　　　　装丁　美馬 智
　　　　印刷　イチダ写真製版
　　　　製本　山崎紙工

© 櫻井良明 2023　Printed in Japan　ISBN 978-4-7615-3296-3